한국의 유네스코
세계유산

이 도서의 국립중앙도서관 출판예정도서목록(CIP)은 서지정보유통지원시스템 홈페이지(http://seoji.nl.go.kr)와 국가자료공동목록시스템(http://www.nl.go.kr/kolisnet)에서 이용하실 수 있습니다.(CIP제어번호: CIP2015019627)

한국의 유네스코 세계유산

지은이 / 남창근 백길남 심준용 이준성 이지은 이현성 정명식 조두원 조유진
펴낸이 / 조은경
편　집 / 이부섭
디자인 / 박민희
펴낸곳 / 늘봄

등록번호 / 제300-1996-106호 1996년 8월 8일
주소 / 서울시 종로구 동숭4길 9 (동숭동 19-2)
전화 / 02)743-7784
팩스 / 02)743-7078

초판발행 / 2015년 8월 15일

ISBN 978-89-6555-038-9 04910 (SET)
ISBN 978-89-6555-039-6 04910 한국의 유네스코 세계유산

한국의 유네스코 세계유산

남창근 백길남 심준용 이준성 이지은 이현성 정명식 조두원 조유진 지음

Contents

책을 내면서

이 책은 유네스코(UNESCO : 국제연합교육과학문화기구)가 한반도의 문화유산 가운데 세계유산으로 지정한 14개소를 소개한 책입니다. 유네스코는 인류 보편의 가치를 지닌 자연유산과 문화유산을 발굴 · 보호 · 보존하고자 1972년 세계 문화와 자연유산 보호협약(세계유산협약)을 채택하고, 해마다 세계유산을 지정하여 발표하고 있습니다.

남북한으로 분단된 한반도에는 선사시대부터 20세기 초까지 시대별로 세계유산이 골고루 지정되어 있습니다. 그래서 세계유산을 통해 한반도의 역사를 읽을 수도 있습니다.

우리나라의 세계유산을 소개한 책은 이 책 말고도 여러 권이 있습니다. 하지만 문화유산의 현장에서 실무를 담당하는 사람이 직접 쓴 책은 찾아보기가 어려웠습니다. 이 책은 바로 그런 사람들 즉, 세계유산의 관리 업무를 담당하거나, 문화유산을 보수하는 사람, 문화유산을 전공한 연구자들이 직접 현장을 뛰어 다니며 쓴 것입니다. 그래서 이 책에는 어느 책보다 문화유산 현장의 목소리가 생생하게 담겨 있고, 사진들 또한 세계유산으로 지정된 핵심을 정확하게 보여주고 있습니다. 여러분들의 문화유산 답사에 큰 도움이 될 것입니다. 우리나라의 세계유산을 답사할 생각이라면 먼저 이 책을 읽으세요. 여행이 더 즐거워질 것입니다.

아래는 유네스코에 등재된 한반도 세계유산 관련 세부 분류입니다.

- **세계유산** : 해인사 장경판전(1995), 종묘(1995), 석굴암과 불국사(1995), 창덕궁(1997), 화성(1997), 고창·화순·강화 고인돌 유적(2000), 경주역사유적지구(2000), 고구려 고분군(2004), 제주 화산섬과 용암 동굴(2007), 조선 왕

릉(2009), 한국의 역사마을 : 하회와 양동(2010), 개성역사지구(2013), 남한산성(2014), 백제역사지구(2015) 등 14개소

- **기록유산** : 『조선왕조실록』(1997), 『훈민정음』(1997), 『불조직지심체요절』 하권(2001), 『승정원일기』(2001), 고려대장경판 및 제경판(2007), 『조선왕조의궤(儀軌)』(2007), 『동의보감』(2009), 1980년 인권기록유산 5·18 광주 민주화운동 기록물(2011), 『일성록』(2011), 새마을운동 기록물(2013), 『난중일기(亂中日記)』(2013)
- **인류무형문화유산** : 종묘제례(宗廟祭禮) 및 종묘제례악(2001), 판소리(2003), 강릉단오제(2005), 처용무(2009), 강강술래(2009), 제주 칠머리당영등굿(2009), 남사당놀이(2009), 영산재(2009), 대목장(大木匠), 한국의 전통 목조 건축(2010), 매사냥, 살아있는 인류 유산(2010), 가곡(歌曲), 국악관현반주로 부르는 서정적 노래(2010), 줄타기(2011), 택견, 한국의 전통 무

술(2011), 한산(韓山) 모시짜기(2011), 아리랑, 한국의 서정민요(2012), 김장, 김치를 담그고 나누는 문화(2013), 농악(2014)

이 책은 영문판도 함께 제작되었습니다. 학생과 한반도의 역사와 문화유산을 모르는 외국인, 그리고 외국인을 상대로 문화 해설을 하는 분들에게 큰 도움이 될 거라 생각합니다.

2015년 7월

남창근 백길남 심준용 이준성 이지은

이현성 정명식 조두원 조유진

세계유산이란 무엇일까?

조유진 (건국대학교)

세계유산협약, 인류 보편의 가치를 보호하자는 약속

유네스코가 지정한 우리나라(남한)의 세계유산은 현재 11개소입니다. 종묘, 해인사 장경판전, 석굴암 · 불국사, 창덕궁, 수원 화성, 고창 · 화순 · 강화 고인돌유적, 경주역사유적지구, 제주 화산섬과 용암동굴, 조선왕릉, 한국의 역사마을 하회와 양동, 남한산성, 백제역사지구가 그것이죠.

유네스코는 이런 유산들의 어떤 면을 '세계적'이라 판단하여 세계유산으로 선정했을까요? 어떤 유산이 단지 유명하거나 관광객이 많다고, 또는 보기에 근사하고 멋있다고 해서 세계유산으로 지정되는 건 아닙니다. 오히려 그 반대라고 말할 수 있습니다. 유네스코가 발표한 세계유산협약에는 유산의 가치를 판단하는 등재기준이 열 가지로 제시되어 있습니다.

세계유산협약의 세계유산 등재기준

(ⅰ) 인간의 창의적 천재성으로 빚어진 걸작을 대표해야 한다. → 종묘, 석굴암 · 불국사, 고구려 고분군

(ⅱ) 오랜 세월에 걸쳐 또는 세계의 일정 문화권 내에서 건축이나 기술, 기념비적 예술, 도시계획 또는 조경 디자인의 발전에 있어 인간 가치의 중요한 교환을 표현해야 한다. → 창덕궁, 수원 화성, 경주역사유적지구, 남한산성, 고구려 고분군, 개성역사유적지구, 백제역사유적지구

(ⅲ) 살아있거나 또는 이미 사라진 문화적 전통, 혹은 문명의 독보적 또는 적어도 특출한 증거가 되어야 한다. → 창덕궁, 수원 화성, 고창 · 화순 · 강화 고인돌유적, 경주역사유적지구, 조선왕릉, 한국의 역사마을 하회와 양동, 개성역사유적지구, 백제역사유적지구

(ⅳ) 인류 역사의 주요 단계(들)를 보여주는 유형의 건물, 건축이나 기술의 총체, 경관의 뛰어난 사례여야 한다. → 해인사 장경판전, 석굴암 · 불국사, 창덕궁, 조선왕릉, 한국의 역사마을 하회와 양동, 남한산성, 고구려 고분군

(ⅴ) 특정 문화(들)를 표현하는 전통적 인간 정주지나 육지의 사용, 바다의 사용 사례이거나, 특히 되돌릴 수 없는 변화의 영향으로 취약해진 환경과 인간의 상호작용을 보여주는 뛰어난 사례이어야 한다.

(ⅵ) 탁월한 보편적 의의를 가진 사건 또는 살아 있는 전통, 사상 또는 신조, 예술적 · 문학적 작품과 직접적 또는 가시적으로 연계되어야 한다. (위원회는 이 기준을 다른 기준과 결합하여 사용하는 편

이 바람직하다고 생각한다.) → 해인사 장경판전, 조선왕릉

(vii) 최상의 자연 현상이나 뛰어난 자연미와 미학적 중요성을 지닌 지역을 포함해야 한다. → 제주 화산섬과 용암동굴

(viii) 생명의 기록이나 진행 중인 지질학적 과정에서 형성된 지형, 또는 지형학적이거나 자연지리학적 중요 특징을 포함하는 지구 역사의 주요 단계를 입증하는 탁월한 사례여야 한다. → 제주 화산섬과 용암동굴

(ix) 육상, 민물, 연안 및 해양 생태계와 동식물 군락의 진화 및 발전에 있어 생태학적, 생물학적 주요 진행 과정을 입증하는 탁월한 사례여야 한다.

(x) 과학이나 보존 관점에서 볼 때 탁월한 보편적 가치를 지니지만 현재 멸종 위기에 처한 종을 포함하여 생물학적 다양성의 현장 보존을 위해 가장 중요하고 의미가 큰 자연 서식지를 포함해야 한다.

이러한 등재기준의 한 항목만 만족시켜도 그 유산은 세계유산이 될 자격이 있습니다. 다만 등재 신청을 한 국가가 그 유산의 가치를 효과적으로, 효율적으로 보호하겠다는 약속을 해야 합니다. 다시 말해 아무리 유명한 유산이라도 세계유산협약에서 합의한 등재기준에 합당하지 않거나, 해당 국가가 유산을 보호하려는 의지를 보이지 않으면 그 유산은 세계유산이 될 수 없습니다. 반면에, 별로 알려지지 않은 유산이라도 등재기준에 맞고 해당 국가가 보호하려는 의지가 있다면 세계유산이 될 수 있지요.

세계유산은 국제적으로 보호되어야 합니다. 세계유산이라는 영예는, 그 유산이 인류 모두가 공유할만한 가치가 있고, 보호해야 한다는 점에 공감했기 때문에 부여한 것입니다. 따라서 어떤 유산이 세계유산으로 등재되면 그 순간부터 그 유산은 보유 도시와 국가만의 것이 아니라 모든 인류의 자산입니다. 따라서 세계유산을 지정하는 것은 '인류 보편의 가치를 보호하자'는 공동의 약속이며, 그 유산을 보호할 책임은 해당 도시의 주민과 국가뿐 아니라 세계인 모두에게도 있는 것입니다.

세계유산을 국제적으로 보호한다는 게 어떤 의미인지 아직 잘 와닿지 않나요? 그건 이런 뜻입니다. 세계유산으로 등재된 유산은 해당 국가가 다른 유산보다 더 각별히 보호해야 합니다. 만약 그 나라가 유산 보호 능력이 없다면 어떻게 해야 할까요? 유네스코와 회원국들이 공동의 책임과 의무를 느끼고 유산 보유국을 도와야 합니다. 세계유산이니만큼 그 유산의 보호책임이 한 국가에서 인류 공동체로 확대되는 것이지요. 세계유산 보유국이 경제적 파산이나 자연재해, 또는 전쟁으로 어려움을 겪을 때 유네스코와 회원국들이 세계유산협약에 따라 유산 보호를 위해 적극 나서게 되지요.

세계유산협약이란 세계유산을 보호하기 위한 방법과 회원국들의 책임과 의무의 범위를 정해서 합의한 공동의 약속입니다. 그러나 이 약속은 명확한 시행 방법이 확립되지 않으면 지켜지기가 어렵습니다.

우리는 세계유산 등재에 담긴 뜻을 바르게 이해해야 합니다. 유네스코가 종묘나 조선왕릉 등을 세계유산으로 등재한 것은 그 유산이 다른 유산보다 훌륭하다고 상을 준 것이 아닙니다. 그 유산의 보편적 가치를 널리 알려서 개개인이 유산 보호에 동참하게 하려는 취지이자, 국가 차원에서 보호조치를 강화하도록 요구하고 감독하는 장치입니다.

해당 국가는 국가 차원의 보호조치를 강화하기 위해 무엇을 해야 할까요? 우선 그 유산이 가진 세계유산으로서의 가치를 체계적으로 밝히고, 유산과 관련 있는 각계각층의 사람들이 그 가치에 동의하게 해야 합니다. 그래야 세계유산을 어떻게, 어디까지, 언제, 어떤 순서로 보호할 것인지에 대한 정책을 결정할 수 있습니다.

유산의 가치를 알면 보호의 방향이 보인다

세계유산에는 세 가지 종류가 있습니다. 문화적 가치를 가진 '문화유산, 자연적 가치를 가진 자연유산, 그리고 같은 공간 안에 문화적 가치와 자연적 가치를 모두 갖춘 복합유산이 있지요. 이 유산들은 모두 부동산 유산이어야 합니다. 다시 말하면, 박물관으로 옮겨질 수 있거나 움직일 수 있는 동산 유물은 세계유산이 될 수 없습니다. 또 한 가지 기준은, 그 유산이 우리가 손으로 만질 수 있는 유형유산이어야 한다는 점입니다. 행위나 지식, 전통과 같은 무형유산은 세계유산에 해당되지 않습니다.

세계유산의 가치를 가늠하는 열 가지 기준(세계유산 등재기준) 중

여섯 가지는 문화유산의 가치를 가늠하는 기준이고 네 가지는 자연유산의 가치를 판단하는 기준입니다. 복합유산은 문화와 자연에 해당하는 기준을 각각 하나 이상씩 충족시켜야 합니다.

유산이 가진 가치는 매우 추상적으로 보이지만, 그 유산을 보호할 방법을 결정할 때 굉장히 중요하고도 실질적인 기준이 됩니다. 그 유산의 어떤 부분을, 어떻게 보호해야 할지 방향을 잡아주기 때문입니다. 한 가지 예로 2009년에 세계유산으로 등재된 조선왕릉의 유산 가치를 일부분만 살펴보겠습니다.

조선왕릉은 세계유산 등재기준 (iii), (iv), (vi)항목을 충족시켰는데, '유교 문화에 바탕을 둔 자연과 세계에 대한 통합적인 접근법으로 독특하고 의미 있는 장례 전통을 낳았고 풍수의 원칙을 적용하고 자연 경관을 존중하면서 조상 숭배와 제례를 위한 기념비적인 유형의 신성한 공간이 만들어졌다'는 평가를 받았습니다.

이 평가는 우리가 조선 왕릉의 '무엇을' 보존해야 하는지를 알려줍니다. 왕릉의 자연경관을 흐트러트리지 말아야 한다는 것, 왕릉이 위치한 입지와 주변 경관을 보호해야 한다는 것, 조상 숭배와 제례 · 장례 전통을 보호해야 한다는 것을 알려주고 있지요. 이처럼 '무엇을' 보호해야 하는지를 정확히 알면 자연스럽게 유산의 영역이 어디까지인지를 정할 수 있습니다. 글과 말로는 추상적으로 보였던 유산의 '가치'가 구체적으로 눈에 보이는 자연경관, 손에 잡히는 건축물, 구획이 가능한 공간으로 해석되는 것입니다.

조선 왕릉의 가치를 알면 '어떻게' 보호해야 하는지도 알 수 있습니다. 조선 왕릉에 대해 유네스코는 '풍수의 원칙을 적용했고, 자연경관을 존중하면서 신성한 공간으로 만들었다'고 평가했습니다. 따라서 보호의 방법은, 풍수의 논리가 깨지지 않도록 주변 경관을 보호하고, 자연에 인위적인 변화를 가하지 말아야 하며, 공간의 신성성이 유지되도록 보호해야 하는 것입니다. 따라서 조선 왕릉을 보호하기 위한 모든 정책과 행위는 주변 경관 보호, 장소의 신성성 유지에 최우선을 두어야 합니다.

세계유산의 가치 확립은 유산에 대한 여러 가지 개발이나 조치가 동시다발적으로 계획되어 있을 때 무엇을 먼저 시행할 것인지 우선순위를 정하는 데에도 중요한 잣대가 됩니다. 유산의 세계유산적 가치를 보존하는 데 더 잘 부합하는 계획이 우선순위를 갖게 되겠지요.

한 가지 예로, 제주 화산섬과 용암동굴의 경우를 살펴볼까요? 이곳은 우리나라의 자연경관으로는 유일하게 세계유산에 등재된 자연유산이지요. 이름에서 드러나듯이 제주도의 화산 흔적과 지하에 있는 용암동굴들이 세계유산에 해당됩니다. 정확히 말하면 한라산 · 성산일출봉 · 거문오름 용암동굴계에 속하는 다섯 개의 동굴이 세계유산입니다. 제주도 섬 전체가 세계유산인 것은 아니지요.

제주 화산섬과 용암동굴은 세계유산 등재기준 (vii), (viii)항목을 충족시켜 등재되었는데, (viii)항목과 관련하여 다음과 같은 평가를 받았습니다.

"제주는 정지하고 있는 대륙지각판 위의 열점 상에 생성된 순상화산으로 규모면에서 세계 수위를 차지한다는 점에서 특유의 가치를 지닌다고 할 수 있다. 그중에서도 특히 거문오름 용암동굴계는 보호가 이루어지고 있는 전 세계 용암동굴계 중에서도 가장 인상적이며 중요도가 높다. 거문오름 용암동굴계는 또한 2차 탄산염 생성물(종유석 및 기타 화산 형성물)이 장관을 이루고 있으며 그 다양성과 풍부함에서 다른 용암동굴을 훨씬 압도한다. 성산일출봉은 그 구조 및 퇴적학적 특성이 드러나 있는 드문 경우로 섯치형Surtseyan type 화산분출*)을 이해할 수 있는 세계적으로도 중요한 장소라 할 수 있다."(세계유산 탁월한 보편적 가치 기술문 - 세계유산센터 홈페이지)

무슨 말인지 조금 어려운가요? 다시 찬찬히 짚어보면, 제주 화산섬과 용암동굴의 세계유산적 가치는 '규모가 큰 순상화산', '용암동굴 내부의 탄산염 생성물의 다양성과 풍부함', '성산일출봉의 지질학적 특성'이 가장 중요한 요소임을 알 수 있습니다.

제주도의 한라산과 성산일출봉, 용암동굴 안에는 종유석을 비롯한 다양한 자연암석과 다양한 동식물이 서식하고 있습니다. 제주는 식물학적, 생태학적 가치 때문에 세계유산에 등재된 게 아니라는 것

---

*) 섯치형 화산분출 : 수심이 얕은 해저에서 분출하여 해수면 위로 성장한 전형적인 화산 분출 유형.

이지요. 화산이 폭발하면서 남긴 지질학적인 특성이나 흔적들, 바로 그것이 세계적으로 중요한 가치를 가졌다고 평가를 받은 것입니다. 그런데 만약에 성산일출봉에 나무를 심거나 잔디를 깔아서 지

세계유산, 무형유산, 기록유산

현재 유네스코에서 특정한 유산을 보호하기 위해 목록을 작성하여 운영하는 사업은 세 가지입니다. 세계유산(World Heritage), 무형유산(Intangible Cultural Heritage), 기록유산(Memory of the World)이 그것입니다.

이 세 가지 사업은 등재 대상이나 대상 선정과 운영 방법이 모두 다릅니다. 세계유산과 무형유산은 국가들이 협약에 가입하는 형태로 운영되고 있습니다. 이 두 가지 사업은 국제법에 기초를 둔 강력한 사업이지요. 반면에 기록유산은 아직까지 협약으로 발전하지는 못하였고, 유네스코가 자체 사업으로 운영하고 있습니다.

세계유산의 등재대상은 앞서 언급했듯이 부동산이면서 유형유산이어야 합니다. 그런데 모든 유형유산에는 정신적인 가치도 깃들어 있기 때문에 등재기준에 '연계된 가치'라는 항목을 두고 있습니다.

무형유산은 말 그대로 유산의 형태가 손에 잡히지 않는, 제례 · 의식 · 놀이 · 관습 등을 그 대상으로 합니다. 우리나라에서 현재 운영하고 있는 무형문화재 선정 사업보다는 조금 더 폭넓게 문화 전반을 대상으로 삼고 있지요.

기록유산을 직역하면 '세계의 기억'인데, 기록물 종류를 등재대상으로 하는 사업입니다. 기록물에는 글 · 악보 · 문집 · 영상 · 청각자료 · 서류 · 디지털 아카이브도 포함됩니다.

위의 세 종류 세계유산은 편의상 모두 '유네스코 세계유산'으로 부르기도 하지만, 엄밀하게 '세계유산 (World Heritage)'은 하나의 고유명사로서 세계유산협약에 의거해서 등재된 유산만을 가리키는 용어입니다.

질학적 흔적을 가린다면 그것은 세계유산다운 가치를 보존하는 것과는 무관한 정비일 뿐 아니라 오히려 가치를 훼손하는 일이 되는 것입니다.

우리 정부는 제주 화산섬과 용암동굴에서 가장 세계유산의 가치가 높은 동굴을 보호하기 위해서 5개 동굴 위에 있는 땅을 꾸준히 사들이고 있습니다. 세계유산이 지하에 있기 때문에 굳이 지상의 땅을 살 필요가 없는 데도 말이죠. 왜 지상의 땅을 매입할까요? 그 까닭은 동굴 안에 있는 2차 탄산염 생성물의 다양성과 풍부함을 보존해야 하기 때문입니다. 용암동굴 속의 수많은 종유석과 석순들은 지상의 모래가 빗물에 녹아 오랜 시간에 걸쳐 땅 속으로 스며들고 굳어져서 만들어진 것입니다. 만약 동굴 위의 땅을 개인의 소유로 놔둘 경우, 그 사람이 건물을 지을 수도 있고 농사를 지으며 비료를 뿌릴 수도 있습니다. 그렇게 되면 동굴 속의 종유석과 석순은 완전히 다른 환경에 노출되어 변할 수밖에 없겠지요. 우리 정부의 땅 매입 조치는 세계유산의 어떤 점을 어떻게 보호해야 하는지를 잘 보여주는 사례입니다.

세계유산의 또 다른 기준, 진정성과 완전성

자연유산은 인간이 인위적으로 만들어 내거나 조작하기가 쉽지 않습니다. 그런데 문화유산의 경우는 그렇지 않습니다. 변형과 조작이 쉽지요. 그래서 유산의 진정성에 의심이 가는 경우가 종종 생깁니다. 보기를 들면, 세계유산은 아니지만 숭례문도 진정성 논란에 휩싸인 적이 있지요. 숭례문이 불탄 뒤에 새로 지은 숭례문이 과연 문화재로서 진정성이 있느냐는 질문이 많이 나왔습니다.

재료가 바뀌기도 했고, 건축 기술의 발전으로 새로운 공법을 사용했는데, 그렇게 지은 숭례문이 국보 1호였던 원래 숭례문의 모든 가치를 제대로 구현했는지를 묻는 중요한 문제제기였지요.

이런 질문이 바로 유산의 진정성에 관한 것입니다. 진정성이란 단순히 재료가 진짜냐 아니냐를 따지는 문제가 아닙니다. 한 유산의 진정성을 가늠하는 데에는 다음과 같은 요소를 모두 고려해야 합니다. 형태와 디자인, 소재와 재료, 용도와 기능, 전통, 기법, 관리 체계, 위치와 환경, 언어와 여타 형태의 무형유산, 기풍과 정서, 기타 내부와 외부 요인이 모두 한 유산의 진정성을 가늠하는 요소들입니다.

진정성 외에도 세계유산은 완전성을 충족시켜야 합니다. 가령 탁월한 가치를 지닌 어떤 유산이 세계유산 등재기준에 해당하지 않거나, 훼손된 상태로 있다면 그 유산은 완전성을 잃은 것입니다. 예를 들면, 해인사 장경판전이 그런 유산입니다. 앞서 말했듯이 세계유산은 유형유산이면서도 부동산 유산이어야 합니다. 해인사는 유서 깊은 천년고찰로서 매우 귀중한 유산이지만 장경판(팔만대장경)으로 더 유명합니다. 그런데 장경판은 동산 유산이기 때문에 세계유산의 완전성 기준에 합당하지 않습니다. 그래서 우리 정부는 장경판이 들어있는 건물 자체를 등재 신청했던 것입니다.

과연 장경판이 세계유산일까요, 장경판전이 세계유산일까요? 이 질문은 학교 시험에서 단골로 등장합니다. 세계유산이 부동산 유산에만 해당되는 협약이라는 것을 정확하게 아는지 시험하는 문제이지요.

그런데 만약 해인사 장경판전 안에 장경판이 없다면 어떻게 될까요? 여전히 세계유산의 완전성 기준에 합당할까요? 그렇지 않습니다. 장경판이 없는 장경판전은 그 건축의 의도와 기능, 존재의미 자체를 상실합니다. 장경판이 소장된 장경판전이라야 비로소 세계유산의 완전성 기준을 충족시킬 수 있습니다. 이런 시각이 바로 해인사 장경판전의 세계유산적 가치를 바라보는 올바른 관점입니다.

유산의 보호와 관광, 활용은 톱니바퀴 관계

요즘 세계유산이 워낙 인기가 높아지고, 새롭게 등재된 유산들이 유명세를 치르자 부작용도 생겼습니다. 세계유산을 일종의 인증된 유산이라고 여기면서 세계 어디에서나 관광객이 꼭 들러야 하는 필수 코스로 인식되고 있지요. 그렇게 되자 너무 많은 관광객들로 인해 유산의 관리가 어려워지는 일도 생겼습니다. 그렇지만 유산 관광이 꼭 해가 되는 것만은 아닙니다. 유산 관광의 방법과 강도를 조절한다면 유산의 보호와 활용에 도움이 되기도 하지요. 방문객에게 유산 보호에 드는 비용을 일정 부분 부담시키면 경제적으로도 도움이 되고, 유산의 사회적 기능을 되살릴 수 있기 때문입니다.

유산을 통해서 경제적인 이윤을 얻는 지역 주민들이 많을수록 해당 지역 사회에서 유산이 차지하는 위상은 높아집니다. 그렇게 되면 더 온전하게 유산을 보존할 수도 있지요. 유산을 보존하는 궁극적인 이유는 어디에 있을까요? 유산을 후세에게 물려주어 그 가치를 서로 나누자는 것입니다. 관광은 더 많은 사람이 유산의 가치를 누릴 수 있게 해줍니다.

그렇기 때문에 어떤 유산이 세계유산이 되면, 철저한 관광 대응계획을 세우는 것이 꼭 필요합니다. 세계유산에 등재하려는 유산도 역시 마찬가지죠. 관광을 통해 유산을 알리기도 하고, 유산을 보호하는 방법으로 기능할 수 있도록 조절해야 합니다. 단순히 방문객의 수와 입장 방법만 조절하는 것이 다가 아닙니다. 유산을 관람하러 온 방문객들이 어떤 정보와 어떤 경험을 얻어가게끔 할 것인지도 적절하게 계획하여야 하고, 유산을 통해 어떤 메시지를 전달할 것인지도 염두에 두어야겠지요.

유산의 활용 역시 관광의 경우와 마찬가지입니다. 유산은 문화재로서 보호받기 이전에 사회적 기능이 엄연히 있어야 합니다. 기능이 없는 건축물이나 공간은 금방 퇴화합니다. 집은 사람이 살 때 가장 잘 보존이 됩니다. 그렇지 않으면 금방 퇴락합니다. 유산 활용은 거창한 것이 아닙니다. 문화재가 우리 사회에서 기능을 유지할 수 있도록 적절한 사용 방식을 마련하면 됩니다. 건물은 집이나 사무실, 모임 장소, 전시회장으로 기능을 수행할 수 있습니다. 이런 역할을 유산의 보존관리계획 안에 포함시켜야 합니다. 유산을 무작정 보호만

할 것이 아니라, 관광과 활용을 통해 유산의 가치를 널리 알리면서도 효과적으로 보존하는 방법을 찾는 것이 필요합니다.

세계유산을 통해 보는 주변의 문화재 : '공동의 기억'소중하게 여기기

유산의 가치는 세계유산 뿐 아니라 우리 주변의 모든 문화재, 모든 흔적에도 담겨 있습니다. 세계유산이라고 해서 다른 문화재에는 없는 가치를 홀로 유일무이하게 지니고 있는 것이 아닙니다. 한 시대의 정점을 찍은 어떤 유산은 그 이전의 유산들에 켜켜이 쌓인 가치들이 모두 모여서 이루어진 것이기 때문입니다. 따라서 세계유산의 가치는 전체 문화의 흐름 속에서 해석되어야 합니다.

유산(문화재)을 볼 때에는 그 속에 담긴 공동의 기억을 소중하게 여겨야 합니다. 한 마을의 기억이 담긴 유산은 그 마을의 소중한 자산이 되고, 한 나라의 기억이 담긴 유산은 그 나라의 소중한 자산이 됩니다. 그리고 한 나라의 기억은 작은 마을 하나하나의 경험과 기억이 바탕이 되어 형성됩니다.

따라서 세계유산을 보호하는 것은 그 공동체의 모든 사람들이 공유할 수 있는 기억과 경험을 보호하는 행위라고 볼 수 있지요. 우리는 다양한 유산을 통해서 다른 삶을 사는 사람들을 이해하고 받아들이는 방법을 배울 수 있습니다.

이제부터는 어떤 유산을 볼 때에 그 유산의 모양과 크기, 양식만 보지 말고, 그 안에 담긴 많은 사람들의 기억과 경험을 읽어보세요. 우리의 그런 노력이 더 많은 유산을 값지게 만들 것입니다.

참고문헌

세계 문화 및 자연유산 보호를 위한 협약(World Heritage Convention), 유네스코, 1972. http://whc.unesco.org/en/conventiontext

세계유산협약 운영지침(Operational Guidelines for the Implementation of the World Heritage Convention), 유네스코, 2012. http://whc.unesco.org/en/guidelines

제주 화산섬과 용암동굴 자문기구 평가보고서, IUCN, 2007. http://whc.unesco.org/archive/advisory_body_evaluation/1264.pdf

조선왕릉 자문기구 평가보고서, ICOMOS, 2009. http://whc.unesco.org/archive/advisory_body_evaluation/1319bis.pdf

World Heritage: Challenges for the Millenium, World Heritage Centre, UNESCO, 2007

고인돌이 몰려 있는 한반도

고창 · 화순 · 강화의 고인돌 유적

심준용 (A&A문화연구소)

고인돌, 선사시대의 생활상이 담긴 타임캡슐

한반도는 세계적으로 고인돌이 많기로 손꼽히는 곳입니다. 특히 전라북도 고창, 전라남도 화순, 인천광역시 강화의 고인돌 유적들은 2000년 12월 유네스코 세계유산으로 등재되었습니다. 세계유산 등재기준의 (iii)항목을 충족시켜 세계유산으로 등재되었습니다. 다음과 같은 평가를 받았지요.

> 기준 (iii) 고창, 화순, 강화의 고인돌 유적은 기원전 1000년에 만들어진 것으로, 장례 및 제례를 위한 거석문화 유산이다. 이 세 지역의 고인돌은 세계의 다른 어떤 유적보다 선사시대의 기술과 사회상을 생생하게 보여 준다.(유네스코 세계유산, 유네스코한국위원회 번역 감수, 재인용)

세계유산으로서의 진정성 면에서는 '대부분 원형을 잘 유지하고 있어 보존 상태가 매우 뛰어나다'는 평가를 받았고, 완전성 면에서는 '고인돌의 축조 과정을 알 수 있게 하는 채석장의 존재는 우리나라 고인돌의 기원과 성격을 비롯해 고인돌 변천사를 규명하는 데 중요한 자료가 되며, 유산의 완전성에도 기여한다'고 높은 평가를 받았습니다.

고창 · 화순 · 강화의 고인돌은 수백 기가 밀집 분포되어 있고, 형식도 매우 다양합니다. 그래서 고인돌을 만들었던 사람들의 기술과 생각을 살펴볼 수 있는 중요한 유적입니다.

고인돌, 지석묘(支石墓), 돌멘(Dolmen)

이 용어들은 선사시대에 만들어진 돌무덤 혹은 제단입니다. 공동무덤을 상징하는 묘표석이나 기념물로 사용되기도 하였습니다. 한반도와 주변 지역의 고인돌들은 대개 고조선이 존재했던 청동기 시대(기원전 2,000년~기원전 300년)에 세워졌습니다. 고인돌과 더불어 비파형동검은 고조선이 지배했던 지역에 밀집 분포되어 있어서 그 세력범위를 추정할 수 있게 해줍니다.

고인돌은 책상 모양일까요? 고인돌은 유럽, 인도, 동남아시아 지역에서 많이 분포하고 있으며, 중국과 일본에서는 드물게 발견됩니다. 지역에 따라 제작 시기와 형태가 다르지만, 대체로 납작한 형태의 굄돌을 2개나 4개, 또는 10개 넘게 세워서 그 위에 큼지막한 돌을 올린 형태입니다.

다음은 《고고학사전》을 참고하여 정리한 고인돌의 대표적인 네 가지 형태입니다.

탁자식 고인돌 납작한 형태의 돌 3매 또는 4매로 짜 맞춘 돌방을 지상에 축조하고 그 위에 편평하고 큼지막한 돌을 얹어서 마치 탁자처럼 보이는 고인돌입니다. 커다란 탁자식 고인돌은 요동(遼東)반도와 한국 대동강유역에서만 나타나고, 구릉이나 산중턱에 1기 씩만 있습니다. 그 외 지역의 북방식 고인돌은 규모가 작고 돌무덤방의 폭도 좁고 덮개돌이 두터운 것이 특징입니다.

기반식 고인돌 납작한 돌을 세우거나 지하에 작은 돌로 쌓은 무덤방을 만들고 그 주위에 고임돌을 4매 또는 8매 정도를 놓고 그 위에 커다란 바위를 덮어 놓은 형

탁자식 고인돌

기반식 고인돌

개석식 고인돌

위석식 고인돌

태입니다. 어떤 경우에는 덮개돌이 거대하고 무덤방이 없는 고인돌도 있습니다.

개석식 고인돌 지하에 만든 무덤방 위에 바로 뚜껑으로 덮개돌을 덮은 형식으로 요동반도, 한반도, 일본 큐슈 지역에 널리 분포하고 있습니다.

위석식 고인돌 덮개돌 밑에 자연석 또는 판돌 여러 매를 돌려놓은 형태입니다. 자연석을 이용한 고인돌은 소형 고인돌 아래에 마치 무덤방처럼 방형이나 원형으로 돌을 돌려놓은 고인돌입니다. 판돌을 이용한 고인돌은 덮개돌의 가장자리를 따라 판돌을 6매에서 12매 정도 서로 잇대어 세우고 한쪽 면을 개방하였습니다.

한반도는 고인돌 문화의 보고

한반도를 중심으로 동북아시아 지역은 세계적으로 고인돌이 가장 많은 지역입니다. 약 4만여 기에 이르는 고인돌이 있는데, 전 세계 고인돌의 반 이상이 한반도와 주변지역에 있습니다. 최근에는 인도 등지에서도 많은 고인돌이 확인되고 있지요. 한반도에 고인돌이 왜 이렇게 많을까요? 많은 연구자들이 고민하고 있지만, 이 수수께끼는 아직도 풀리지 않고 있습니다.

그럼 고인돌 안에는 무엇이 들어있었을까요? 고인돌을 발굴하면 돌검, 돌칼, 돌화살촉, 붉은간토기, 가지무늬토기, 청동기, 옥, 돌끌, 숫돌, 갈판, 가락바퀴, 그물추 같은 것들이 출토되지만, 아무것도 없는 경우도 많습니다.

고인돌을 세우려면 사람이 몇 명이나 필요했을까요? 실험고고학(實驗考古學)의 연구에 따르면, 1톤의 돌을 1마일(1.6km) 옮기는데 16~20명이 필요하며, 32톤의 큰 돌을 둥근 통나무와 밧줄로 옮기는

데는 2백 명이 필요하다고 합니다. 덮개돌을 운반할 때는, 땅에 여러 개의 둥근 통나무를 두 겹으로 엇갈리게 깔고 그 위에 덮개돌을 올리고 끈으로 묶고 사람이 끌면서 지렛대로 미는 방법을 사용했습니다.

운반한 덮개돌을 올려놓을 때 사용한 방법은, 지상이나 지하의 무덤방 또는 고임돌에 적당히 흙을 경사지게 돋우고 그 위로 덮개돌을 끌어 올린 다음 흙을 제거하였다고 추정됩니다. 그 까닭은 덮개돌과 고임돌 사이에 종종 흙으로 메운 흔적이 발견되기 때문입니다.

화순과 고창의 고인돌 유적 부근에서는 채석장도 함께 확인되고 있는데, 대부분 고인돌이 있는 곳보다 높은 곳에 있습니다. 채석한 석재를 밑으로 굴려서 옮기는 것이 훨씬 쉬운 방법이었으니까요.

세계에서 가장 밀집된 고인돌군 - 고창 고인돌군

고창 고인돌군은 기원전 4~5세기경에 조성된 것으로 밝혀졌고,

고창 고인돌

고창 고인돌 박물관

고인돌 축조과정 디오라마(고창 고인돌 박물관)

세계에서 가장 많은 고인돌이 밀집 분포한 곳입니다. 동서로 약 1,800미터 범위 내에 447기의 고인돌이 남아있습니다. 약 10톤에서 300톤에 이르는 다양한 크기의 고인돌이 흩어져 있고, 탁자식, 바둑판식, 지상석곽형 등 다양한 형식의 고인돌을 모두 볼 수 있습니다.

고창 고인돌 전시 체험시설

2008년에 고인돌 공원과 박물관이 조성되었고, 관람객의 편의를 위해 꼬마기차도 운행하고 있습니다.

만져볼 수 있는 고인돌- 화순 고인돌군

화순 고인돌군은 계곡을 따라 약 10킬로미터에 걸쳐 500여 기의

화순 고인돌 전시관

화순 고인돌 전시관 내부

화순 고인돌

화순 고인돌 체험시설

화순 고인돌 채석장

고인돌이 군집을 이루고 있습니다. 또한 고인돌의 축조과정을 보여주는 채석장이 곳곳에서 확인되어, 고인돌을 세울 당시 석재를 다루는 기술, 축조와 운반 방법 등을 엿볼 수도 있다는 점이 큰 매력입니다. 입구에는 고인돌 발굴 현장을 그대로 보여주는 전시관도 있어서 다양한 볼거리를 제공합니다.

보면 볼수록 듬직한 강화 고인돌

강화도에는 산기슭을 따라 150여 기의 고인돌이 분포하고 있습니다. 이곳에는 길이 6.4미터, 높이 2.5미터로 우리나라에서 가장 큰 탁자식 고인돌인 '부근리 고인돌'이 있습니다. 강화의 고인돌은 10여 개의 고인돌군으로 구분되는데, 고인돌군마다 크기와 형식이 다른 점이 재미있습니다. 부근리 고인돌 주변에는 박물관과 공원이 조성되어 있습니다. 강화도는 고인돌 외에도 수많은 문화유적이 분포하고 있어서 답사의 즐거움을 더 많이 느낄 수 있는 지역입니다.

강화 오상리 고인돌

강화 부근리 점골 고인돌

강화 부근리 고인돌

고인돌을 재미있게 보는 방법

1. 고인돌의 형태를 분류해 보세요. 탁자식인가요? 기반식인가요?
2. 고인돌에는 옛 사람들이 '성혈'이라는 홈을 파기도 하고 그림을 그리기도 했습니다. 고인돌을 자세히 살펴보세요.
3. 대부분의 고인돌에는 안내판이 있습니다. 안내판의 내용을 읽어 보세요. 어떤 유물이 출토된 고인돌인지도 알 수 있어요.
4. 고인돌을 만들 석재들은 어디서 옮겨왔을까요? 고인돌 주변의 채석장을 찾아보세요.

참고문헌

답사여행의 길잡이 – 경주, 한국문화유산답사회, 돌베개, 2008

한국 고고학 사전, 국립문화재연구소, 학연문화사, 2001

유네스코 지정 한국의 세계유산, 국립제주박물관, 서경, 2007

우리나라의 세계유산1, 송명석 외, 반석출판사, 2013

유네스코와 유산. http://www.unesco.or.kr/heritage

유네스코세계유산. http://terms.naver.com/list.nhn?cid=3388&categoryId=3388

한국민족문화대백과. http://terms.naver.com/list.nhn?cid=392&categoryId=392&categoryType=dictionary

고구려인의 세계관이 보인다

북한 고구려 고분군

이준성 (연세대학교)

고구려 고분군은 북한의 첫 세계유산

북한은 얼마나 많은 세계유산을 보유하고 있을까요? 2015년 현재 북한이 보유한 세계유산은 '고구려 고분군'과 '개성역사지구', 2개소입니다. 한국이 보유한 세계유산보다 훨씬 적은데, 정치적인 이유 혹은 경제적인 이유로 인해 북한의 역사 유산들이 아직 세계유산으로 빛을 보지 못하고 있기 때문입니다.

북한의 '고구려 고분군(The complex of the Koguryo Tombs)'은 2004년 7월 1일, 유네스코 제28차 세계유산위원회(WHC)에서 만장일치로 세계유산에 등재되었습니다. 북한은 1998년 7월 세계유산협약 가입국이 되었고, 2000년 5월 고구려 고분군을 비롯한 7건을 세계유산 등재를 위한 잠정 목록으로 제출하였습니다. 그 뒤 처음으로 등재된 것이 '고구려 고분군'입니다. 세계유산위원회는 고구려 고분군의 가치를 다음과 같이 평가했습니다.

기준 (i) 고구려 고분 벽화는 고구려 문화의 걸작이며, 고분의 구조는 정교한 건축 공법을 보여 준다.

기준 (ii) 고구려 문화의 독특한 매장 풍습은 일본을 포함한 인근의 다른 지역 문화에 중요한 영향을 끼쳤다.

기준 (iv) 고구려 고분은 고대 매장 양식의 중요한 사례이다.

동아시아의 강국이었던 고구려의 수도는 건국 이후 400년 이상 압록강변의 국내성이었습니다만, 광개토왕에 이어 장수왕이 즉위하고 15년이 지난 427년에 평양으로 천도를 하였습니다. 그렇기 때문에 북한 지역의 고구려 고분군 역시 고구려의 수도였던 평양을 비롯하여 남포시, 평안남도, 황해남도 등에 집중되어 있습니다. 북한이 세계유산으로 신청한 고구려 고분은 동명왕릉을 비롯하여 총 63기이고, 그 중 16기는 벽화고분입니다.

평양과 그 주변 지역에서 고구려 고분군이 조사되기 시작한 것은 20세기를 전후한 시기 일본인 학자들에 의해서였습니다. 1911년 남포시의 강서대묘와 강서중묘, 용강대묘, 쌍영총 등이 조시되었고, 1916년에는 평양시의 호남리 사신총 등이 조사되었습니다. 그리고 해방 이후인 1949년 황해남도의 안악1호분, 안악2호분, 안악3호분 등이 조사되어 매우 큰 관심을 받았고, 1976년에 이르러 평안남도 대동군의 덕화리 1호분, 덕화리 2호분, 덕화리3호분이 정식으로 발굴 조사되었습니다. 이처럼 평양을 중심으로 한 고구려 고분은 100년이 넘는 동안 꾸준하게 조사되어 왔습니다. 이 지역에서는 현재까지도 새로운 고구려 고분이 계속 조사, 발굴되고 있습니다.

유네스코 세계유산위원회는 평양의 고구려 벽화 고분군을 '뛰어난 회화기법과 창조성 및 표현성이 잘 드러나 있어 예술적 가치가 매우 뛰어난 걸작품'이라고 인정하였습니다. 또한, 건축기법 측면에서도 '축조과정에서 공간을 효율적으로 배분하였고 안전사항을 철

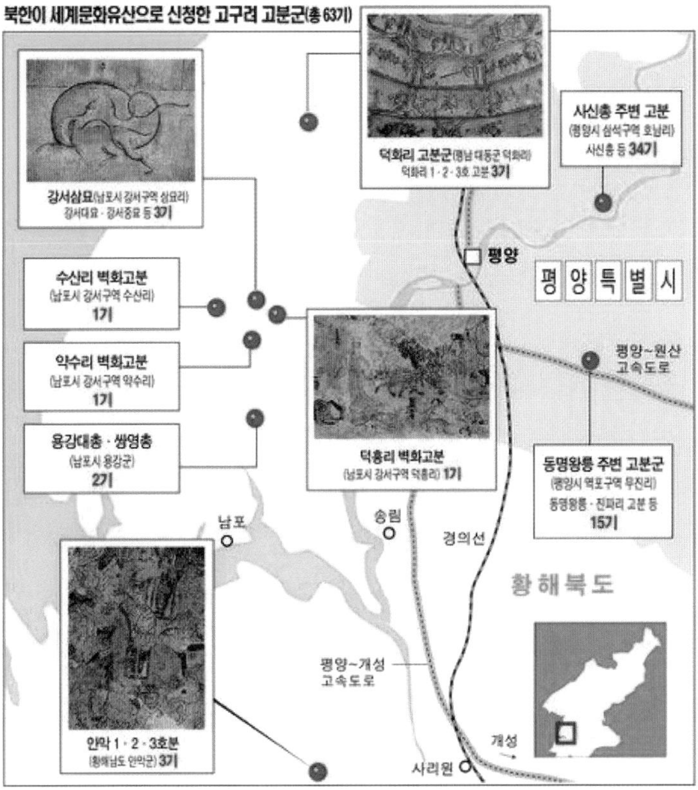

고구려고분군 지도

저히 고려하였으며, 돌을 섬세하게 가공한 기술력을 보유하고 있었다'고 평가하였습니다. 교분 벽화에 묘사된 내용에 대해서는 '당대 사람들의 종교적 신념과 생활모습을 생생하게 보여주고 있다'는 점에 높은 점수를 주었습니다. 뿐만 아니라 고구려의 매장풍습은 백제와 신라, 가야 및 일본에까지 영향을 끼쳤다고 인정했습니다. 신라의 굴식 돌방무덤, 백제의 돌방무덤과 벽돌무덤 내의 그림들, 일본 다카마쓰 고분 등은 고구려 고분군이 영향을 미쳤던 범위를 보여줍니다.

고구려 고분은 어떻게 생겼나요?

고구려는 매우 독특한 무덤 양식을 가진 나라였습니다. 고구려의 고분을 크게 나눠보면 '돌무지무덤(적석총)'과 '굴식 돌방무덤(횡혈식 석실묘)'으로 구분할 수 있습니다. 돌무지무덤이란 지면에 구덩이를 파거나 또는 구덩이 없이 시신을 놓고 그 위에 돌을 쌓아 묘역을 만든 무덤입니다. 반면 굴식 돌방무덤은 무덤을 사람이 살고 있는 공간으로 간주하여 널길과 문이 달고 사람이 서서 드나들 수 있도록 만든 무덤입니다.

돌무지무덤 양식에서는 시신을 위에서 아래로 매장하는 수직 매장 풍습이 이어져 왔습니다. 그런데 굴식 돌방무덤의 경우는 시신을 수평 방향으로 매장하는 풍습이 생겨났고, 그런 풍습에 따라 무덤의 양식이 바뀌면서 축조된 것이라는 특징이 있습니다.

학자들은 고구려의 무덤 양식이 돌무지무덤에서 굴식 돌방무덤으로 바뀌었다고 보고 있습니다. 건국 초기에는 왕이나 귀족의 무덤으

덕흥리벽화무덤 무덤칸 투시도(서쪽) ⓒ 동북아역사재단 디지털고구려박물관

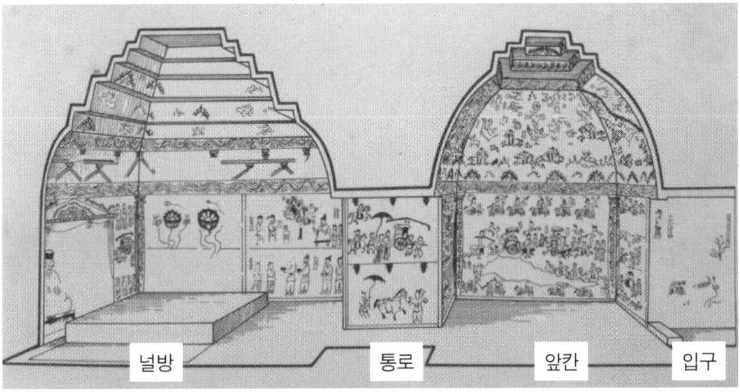

덕흥리벽화무덤 무덤칸 투시도(동쪽) ⓒ 동북아역사재단 디지털고구려박물관

로 돌무지무덤을 많이 축조했는데, 시간이 지나면서 고분에 흙 봉분을 덮고 벽화를 그리는 굴식 돌방무덤으로 바뀌었다는 것이지요. 그렇기 때문에 실제로 평양 천도 이전의 수도였던 압록강 건너편 국내성 지역에는 돌무지무덤이 훨씬 많이 남아 있고, 평양 지역에서는 굴

식 돌방무덤 양식의 고분들을 많이 찾아볼 수 있습니다. 그리고 굴식 돌방무덤에서는 예술적으로 뛰어나고 독특한 느낌을 주는 벽화들을 만날 수 있습니다.

고구려 고분군은 왜 중요한가요?

우리가 고구려 사람들의 삶을 짐작할 수 있는 것은 그들이 남겨놓은 문화유산, 특히 고분 벽화 덕분입니다. 고구려인들은 하늘의 자손이라는 자기정체성을 바탕으로 주변의 다양한 종족과 문화를 융합시켜 나갔으며, 고구려 중심의 천하관을 갖고 있었습니다. 평양의 진파리고분 4호 널방 천장의 천문도와 평안남도 대동군에 있는 덕화리고분 2호 널방 천장고임의 천문도는 고구려인들의 천문수준을

덕화리2호분 천장고임 ⓒ 동북아역사재단 디지털고구려박물관

짐작하게 해줍니다.

한편, 고구려의 고분 벽화는 또한 평양천도 이후 전성기를 누리던 고구려인들의 삶의 흔적을 보여주고 있습니다. 고구려인들은 죽은 뒤에도 현실의 삶과 유사한 삶을 누리고 싶어 했지요. 고분벽화에는 문헌자료로는 알 수 없었던 귀족과 평민의 복식, 음악과 춤, 종교, 천문학, 생활의 도구 와 풍습 등이 당시의 모습 그대로 재현되어 있습니다.

남포시에 있는 덕흥리 고분은 무덤 내부가 산 사람이 사는 집처럼 꾸며져 있습니다. 무덤주인이 공적인 업무를 보던 사랑채부터 살림집인 안채, 응접실 그리고 휘장이 설치된 침실까지 나뉘어져 있지요. 또한 벽에는 주인의 생전 생활모습이 벽화로 자세하게 그려져 있습니다. 무덤의 벽과 천장고임의 각 장면 곁에는 무덤 주인에 대해 묘

안악3호분 전면투시도 ⓒ 동북아역사재단 디지털고구려박물관

안악3호분 묘주 © 조선유적유물도감 5권

사하고 있는 글이 적혀 있어, 무덤 주인공의 출생지나 행적 등을 추정할 수 있게 해줍니다. 무덤 주인은 유주자사를 역임했다고 하는데, 그 실체를 둘러싼 논쟁은 지금까지도 계속되고 있습니다.

안악고분 3호에서는 고구려 상류 주택의 부엌 구조를 엿볼 수 있습니다. 굴뚝과 아궁이가 연결된 부뚜막에 시루를 걸어놓고 음식을 만드는 부엌, 노루 · 꿩 · 돼지를 매달아 놓은 푸줏간을 비롯하여 소의 코를 꿰어 매어놓은 외양간이나 우물 등의 모습이 생생하게 남아 있습니다. 그 외에도 무덤주인이 부하들의 시중을 받으며 부인과 함께 앉아 있는 모습, 말을 타고 달리며 사냥하는 모습, 군악대의 연주를 들으며 행진하는 무장한 군인들의 모습 등은 1,500여 년 전 고구려인들의 진취성을 우리 눈앞에 펼쳐줍니다.

강서대묘 청룡 ⓒ 동북아역사재단 디지털고구려박물관

남포시에 있는 강서대묘 사신도에서는 고구려의 문화 재창조 능력을 볼 수 있습니다. 강서대묘에 그려져 있는 청룡 · 백호 · 주

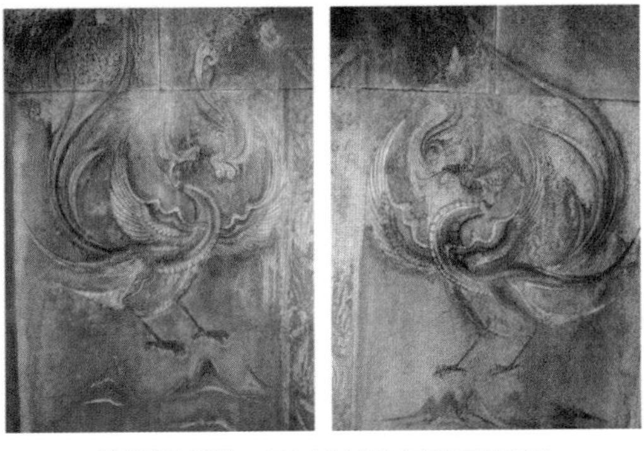

강서대묘 주작 ⓒ 동북아역사재단 디지털고구려박물관

작 · 현무는 중국의 그것과 소재나 기법 면에서 매우 비슷한 점이 있습니다. 그렇지만 중국의 벽화보다 더욱 세련된 모습으로 동아시아 최고의 회화작품 가운데 하나로 평가받고 있습니다. 이를 통해 고구려의 고분 벽화가 동아시아 벽화 문화의 흐름과 발전에 주도적인 역할을 하였다는 사실을 알 수 있습니다.

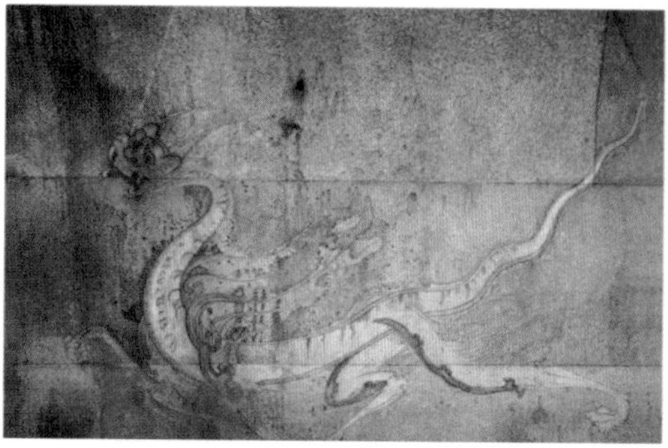

강서대묘 백호 ⓒ 동북아역사재단 디지털고구려박물관

강서대묘 청룡 ⓒ 동북아역사재단 디지털고구려박물관

북한 고구려 고분의 과거와 현재

북한의 고구려 고분군이 세계유산으로 등록된 2004년 당시 중국에서 신청한 고구려 유적 역시 세계유산으로 등록되었습니다. 북한은 그 전부터 고구려 유적을 세계유산으로 등재하려고 노력했는데, 중국이 북한의 단독 등재에 반발하여 등재 경쟁을 펼쳤던 것이지요. 결국 북한·중국 양국은 자국의 영토에 있는 고구려의 유산을 각자 세계유산목록에 등재하는데 동의했고, 북한은 '고구려 고분군'으로, 중국은 '고대 고구려 왕국 수도와 묘지(Capital Cities and Tombs of the Ancient Koguryou Kingdom)'로 유네스코 세계유산으로 등재했습니다.

강서대묘 ⓒ 조선유적유물도감 6권

고구려 유적의 북한·중국 동시 등재는 고구려 문화유산의 가치를 세계적으로 인정받았다는 점에서 일단 긍정적인 의미를 찾을 수 있습니다. 그런데 그 과정에서 중국은 세계유산 지정을 위해 고구려의 첫 번째, 두 번째 수도였던 환인, 집안의 고구려 유적을 국가적인 차원에서 정비하였습니다. 이것은 중국이 고구려사를 중국사로 편입하려는 역사왜곡 시도와 연관되어 있습니다. 이런 중국의 속셈이 걱정되는 까닭은, 중국의 고구려 세계유산이 북한보다 더 많은 지역과 더 다양한 고구려 유적으로 구성되어 있기 때문입니다. 고구려의 산성인 오녀산성을 비롯하여 국내성, 환도산성 등 3개 도시와 무덤

40기(왕릉 14기, 귀족묘 26기)가 중국에 속해 있습니다.

북한의 평양과 그 주변 지역에는 고분군 말고도 고구려의 전성기 모습을 보여주는 많은 문화유산들이 있습니다. 평양성은 그 규모나 축조 기법 등에서 매우 뛰어난 문화유산입니다. 평양성 주변의 대성산성, 청암리토성, 안학궁, 정릉사, 광법사 등의 문화유적도 마찬가지입니다. 북한이 이 유적들을 세계유산의 기준에 맞게 정비하기만 한다면 얼마든지 추가로 등재될 수 있는 훌륭한 유적들이지요.

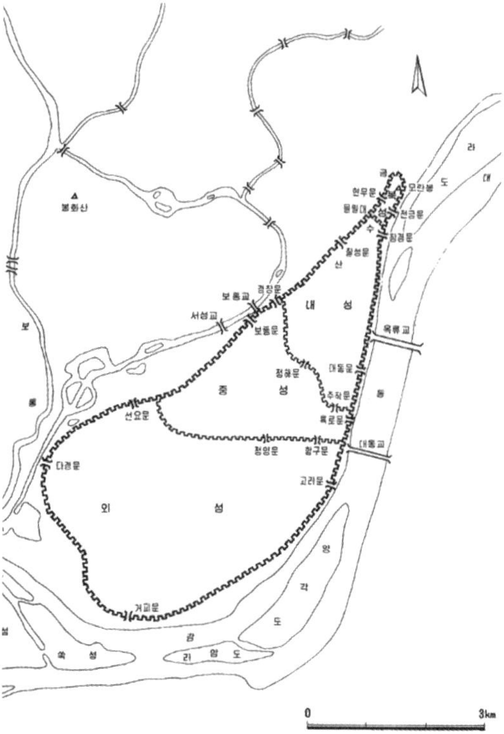

평양성 세부모습 ⓒ 동북아역사재단 디지털고구려박물관

마지막으로, 최근 남한의 한탄강과 임진강, 그리고 한강 근처에서도 보루와 고분을 비롯한 많은 고구려 유적이 발견되고 있습니다. 남한의 고구려 유적이 체계적으로 정리된다면 우리는 고구려가 한반도 중남부 지역에 진출한 시기나 양상, 지배방식 등에 대해 더 많은 사실을 알아갈 수 있을 것입니다. 따라서 남한에서도 고구려의 유적을 체계 있게 관리하고 연구할 필요가 있습니다.

참고문헌

고구려 고분벽화 연구, 전호태, 사계절, 2000

고구려 고분 연구, 강현숙, 서울대학교 박사학위논문, 2000

북한 소재 고구려 벽화고분의 보존과 관리, 『한국고대사연구』 25, 전호태, 한국고대사학회, 2002

세계유산 고구려고분군, 『백산학보』 70, 공석구, 백산학회, 2004

북한의 고구려 유적 연구 현황 및 성과, 『정신문화연구』 제31권 제1호가, 백종오, 2008

고구려 고분의 조영과 제의, 정호섭, 서경출판사, 2011

간결함과 소박함, 그 아름다움의 극치

백제역사유적지구

백길남(한성백제박물관)

백제 왕도, 세계유산이 되다

백제역사유적지구는 공주시, 부여군, 익산시 3개 지역에 속해 있는 백제시대 유산으로, 공주의 공산성과 송산리고분군 2곳, 부여의 부소산성과 관북리유적, 정림사지, 나성, 능산리고분군 4곳, 익산의 왕궁리유적, 미륵사지 2곳 총 8곳의 유산이 해당됩니다.

ICOMOS(국제기념물유적협의회) 평가결과보고서에 따르면, 백제역사유적지구는 세계유산 등재기준 10가지 중 (ⅱ), (ⅲ)을 충족하였습니다. (ⅱ)와 관련하여 백제역사유적지구는 동아시아(한·중·일) 고대 왕국들 사이의 상호교류를 통해 백제가 이룩한 건축기술과 불교 확산을 보여준다는 점이 꼽혔습니다. 그리고 (ⅲ)과 관련하여 백제역사유적지구의 수도 입지 선정, 불교 사찰, 성곽과 건축물, 무덤과 석탑은 백제의 역사, 내세관과 종교, 건축기술, 예술미를 보여주는 유산이자 백제의 역사와 문화의 특출한 증거가 된다는

부소산성 ⓒ 국립부여문화재연구소

것입니다.

정리하면, 주변 나라와 교류하면서 백제만의 독특한 문화를 만들었고 왕성 · 왕궁 · 사찰의 건축기술 뿐만 아니라 불교와 무덤에서 보이는 정신문화의 독창성이 인정된 것입니다.

백제역사유적지구는 백제시대라는 키워드 이외에도 또 하나의 키워드가 있는데요. 바로 도성을 이루는 주요 요소라는 점입니다. 동아시아 도성제는 중국에서 기원하여 발전하고 주변 나라로 전래되었습니다. 도성 즉, 왕도(王都)는 왕이 살던 왕성, 많은 주민을 하나의 공간에 품을 수 있는 나성, 통치이념을 종교적으로 뒷받침해주는 종교시설, 국왕의 권위를 현실에 투영하기 위해 만들어진 왕릉 등으로 이루어집니다. 8곳의 유산은 백제 왕도를 구성하는 요소에 해당됩니다.

백제 왕도는 세계유산으로서 어떤 매력을 가지고 있는 것일까요? 『삼국사기』(三國史記)에 따르면 백제의 왕궁은 '검이불루(儉而不陋) 화이불치(華而不侈)' 즉, 검소하되 누추하지 않고 화려하되 사치하지 않았다고 합니다. 기록과 같이 백제 왕도의 유적과 유물을 보면 간결하면서도 소박합니다. 이런 군더더기 없는 세련됨은 말로 설명할 수 없는 아득한 아름다움이 됩니다. 지나침이 없는 아름다움은 백제 왕도에서 느낄 수 있는 멋입니다.

재건의 시대-공주(웅진)

서기 475년 고구려 3만 대군은 백제의 왕도 한성을 함락시킵니다. 당시 백제 국왕인 개로왕은 사로잡혀 처형됩니다. 불행 중 다행일까요. 그의 동생 문주왕이 웅진 즉, 공주로 천도하여 나라를 추스릅니다. 공주가 도읍으로 선택된 이유는 우선 지리적인 특징에서 찾을 수 있습니다. 공주는 북으로 차령산맥이 가로막고 있고 동으로는 계룡산이 있습니다. 그리고 금강이 공주시내를 둘러싸며 흐릅니다. 고구려의 침공에 맞서 싸울 수 있는 최적의 방어지역이었던 셈이지요.

지리적 장점 이외에도 공주지역은 오래전부터 백제 중앙과 밀접한 정치적 관계를 맺어 온 지역이었습니다. 공주 의당면 수촌리에서 조사된 고분군에서는 중앙에서 하사받은 최상급의 금동관모와 금동 신발이 출토되었습니다. 아마 백제 재건을 도울 수 있는 세력이 있었던 것이었겠지요.

우여곡절 끝에 웅진으로 천도한 백제 왕실은 일시적인 내우외환에 빠집니다. 그러나 동성왕과 무령왕대에 이르러 왕실의 안정을 이루고 국력을 키우는 한편 중국 남조와의 교류를 통해 대외적인 지위를 다시 확보합니다. 이를 바탕으로 무령왕은 백제가 다시 강국이 되었음을 공표합니다. 63년간 이어진 웅진도읍기는 한성 함락과 국왕 피살이라는 국난을 극복하고 백제 부활의 신호탄을 쏜 시기였습니다.

공주에 있는 백제시대 유적은 왕궁이 위치하였을 것으로 추정되는

공주 수촌리고분 금동관모 ⓒ 국립공주박물관

공주 수촌리고분 금동관모 복원 ⓒ 한성백제박물관

공산성과 왕실의 무덤이 모여 있는 송산리고분군, 제사유적인 정지산유적 그리고 사찰유적인 대통사지 등이 있습니다. 이번 세계유산 백제역사유적지구에는 공산성과 송산리고분군이 포함되었습니다.

공산성 백제의 왕성으로 백제시대에는 웅진성으로 불렸습니다. 공산성이라는 이름은 고려시대 이후부터 불렸으며 백제시대는 물론 조선시대까지 지방행정의 중심지로 기능하였습니다. 660년 백제가 멸망하기 직전 의자왕이 잠시 거처하기도 하였습니다. 822년 통일신라기 김헌창의 난이 일어났다가 이곳에서 평정되었으며, 1623년 이괄의 난 때 인조가 피난했던 역사적 일화가 남아 있습니다.

북으로 금강이 흐르는 해발 110m의 능선에 위치하는 천연의 요새로서 능선과 계곡을 따라 쌓은 포곡형 산성입니다. 백제시대에는 토성이었는데, 조선중기 이후 석성으로 교체된 구간이 더 많아집니다. 성벽의 높이는 약 2.5m, 너비는 약 3m, 길이는 2,660m입니다. 이 중

토성은 735m입니다. 성문으로는 서문인 금서루, 남문인 진남루, 동문인 영동루, 북문인 공북루가 있습니다. 성 내부에는 왕궁지, 임류각, 연못과 만하루가 있습니다.

1980년대부터 공산성에서 백제시대 유적을 찾기 위한 발굴이 계속되고 있습니다. 2011년 성 안에 물을 모아놓는 시설에서 옻칠된 화려한 가죽 갑옷과 말갑옷이 출토되기도 하였습니다. 앞으로의 발굴을 통해 백제시대 공산성의 모습을 하나씩 되찾아 나갈 것입니다.

송산리고분군 송산리고분군은 왕과 왕족의 무덤이 있는 곳입니다. 10여 기의 무덤 중에 7기에 대한 발굴조사가 이루어졌습니다. 이들 고분의 분포를 보면 계곡 서쪽에는 무령왕릉과 5~6호분, 동쪽에는 1~4호분이 있습니다. 1~5호분은 모두 굴식 돌방무덤으로 무덤 입구에서 시신이 안치되어 있는 널방에 이르는 널길이 널방 동쪽 벽에 붙어 있는 것이 특징입니다. 벽돌무덤으로는 6호분과 무령왕릉

공산성

이 있습니다. 6호분은 활모양 천장으로 된 이중 널길과 긴 네모형의 널방으로 되어 있습니다. 널방 벽에는 7개의 등자리와 사신도(四神圖), 일월도(日月圖) 등의 벽화가 그려져 있습니다.

무령왕릉은 1971년 7월 5~6호분의 배수로 공사를 하던 중 우연히 발견되었습니다. 연꽃무늬 벽돌로 쌓은 무덤으로 널길과 널방으로 이루어졌습니다. 널방의 규모는 남북 4.2m, 동서 2.72m, 높이 3.14m입니다. 왕릉을 조성하는 데 사용된 벽돌은 모두 28종류인데, 대방(大方), 중방(中方), 급사(急使) 등의 글자가 새겨져 있는 것이 있습니다. 이는 사용 위치를 지정한 일종의 설계부호로 이해되고 있습니다.

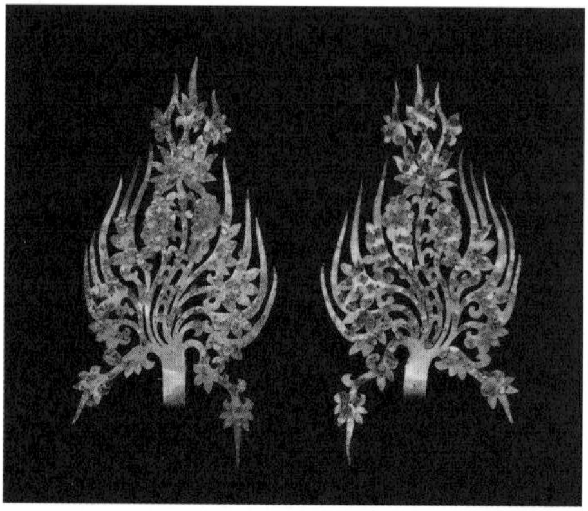

금제관꾸미개 ⓒ 국립공주박물관

지석(왕의 묘지) ⓒ 국립공주박물관

송산리고분군 © 국립공주박물관

유물로는 108종 4,600여 점이 발견되었습니다. 이 중 17점이 국보로 지정되었습니다. 무령왕릉은 삼국시대 왕릉 중에 유일하게 피장자를 알 수 있는 왕릉이기도 합니다. 이것은 지석(誌石)이 있어 가능했던 일입니다. 지석은 무령왕과 무령왕비에 대한 정보와 함께 껴묻거리 유물의 제작연대를 알려주는 소중한 유물입니다.

무령왕릉에서 출토된 중국제 자기와 일본산 금송으로 만든 나무관은 주변 국가들과의 교류관계를 알려주는 증거가 되고 있습니다.

영광과 좌절의 순간-부여(사비)

부여 즉, 사비는 백제의 세 번째 도읍지이자 마지막 도읍지입니다. 538년 백제 성왕은 공주에서 사비로 천도하게 됩니다. 한성에서 웅진으로의 천도는 고구려 침공이라는 타의에 의한 것이었지만, 웅진에서 사비로의 천도는 백제가 스스로 계획한 천도였습니다.

사비로의 천도 이유 중 하나는 웅진이 도읍지로서 너무 협소하였기 때문이 아닐까 합니다. 적의 공격을 방어하기에는 매우 유리한 지형이지만, 많은 사람들이 모여 살기에는 어려운 곳이었죠.

정림사지 5층석탑 © 국립부여박물관

무엇보다 성왕의 의지가 확고했습니다. 예나 지금이나 수도를 옮긴다는 것은 매우 큰 사회적 갈등을 일으키게 됩니다. 특히 기득권을 가진 귀족세력은 하루아침에 생활기반을 모두 옮겨야 하는 불편을 감수해야 하는 일이었습니다. 하지만 성왕은 자신이 설계하고 창조한 왕도에서 새로운 백제, 남부여(南

夫餘)를 만들기 위한 꿈을 포기하지 않았습니다.

부여에는 이러한 성왕의 의지를 읽을 수 있는 유적들이 곳곳에 남아 있습니다. 도읍지를 에워싼 나성이 처음으로 출현하여 삶의 공간과 죽음의 공간을 명확히 구별하였고, 도성 내에는 동서-남북방향 도로를 뚫어 명확하게 구획된 도시공간을 만들어냈습니다. 왕궁을 중심으로 일사불란하게 정리된 왕도가 만들어진 것입니다.

성왕은 한때 잃어버린 한강유역을 되찾으며 다시금 백제의 전성기를 이끌었지만, 신라와의 관산성 전투에서 불의의 공격으로 전사함으로써 그의 원대한 꿈은 끝내 좌절되고 맙니다. 그러나 새로운 백제를 꿈꿨던 성왕의 뜻은 그 아들 위덕왕에게 이어져 왕도의 성장은 계속되었습니다. 사비도성의 성장은 익산이라는 새로운 왕도가 개발되는 이유가 되었습니다. 밝은 내일만 있을 것 같았던 사비도성은 660년 백제의 멸망과 함께 역사의 뒤안길로 사라집니다.

부소산성과 관북리유적 백제의 왕궁은 관북리 유적일대에 있었던 것으로 추정됩니다. 관북리는 부여읍내 북쪽 끝 부소산성 아래 자리합니다. 부여읍내는 북쪽이 높고 남쪽으로 갈수록 점점 낮아지는 지형입니다. 자연히 관북리 일대에 서면 부여읍내가 한눈에 들어옵니다. 왕궁이 위치하기에 안성맞춤입니다. 더구나 그 북쪽 나지막한 부소산에는 부소산성이 자리하고 있습니다. 적의 침입과 같은 비상 상황에는 부소산성으로 들어가서 항전할 수 있었던 것으로 추정됩니다. 최근 관북리 일대에 발굴조사가 집중적으로 이루어졌습니다. 그 결과 백제시대에 건설된 도로와 대형 건물지, 공방과 저장시설, 연못 등이 발견되어 백제 왕궁이 있었을 가능성을 보여줍니다.

정림사지 중국의 역사서 『수서』(隋書)를 보면, 백제에는 사찰도 많았고 탑도 많았다고 합니다. 실제 부여읍내와 그 주변에는 정림사지, 군수리사지, 부소산 서북사지, 능산리사지, 왕흥사지 등 많은 절터가 남아 있습니다. 이 중 대표적인 사찰이 정림사지입니다. 관북리유적 남쪽 부여읍내 한가운데에 정림사지가 있습니다. 관북리 일대에서 조사된 백제시대 도로를 남쪽으로 길게 연장하면 정림사지 서쪽 담장과 연결될 가능성이 큽니다.

정림사라는 이름은 1942년 발굴조사 때, '대평팔년무진정림사대장당초(大平八年戊辰定林寺大藏當草)' 즉, 고려 현종 무진년(1028)에 정림사의 대장경을 모신 건물에 올린 기와라는 의미의 기와편이 발견되어 정림사지로 부르고 있습니다. 2008년 발굴조사 때 정림사지는 중문, 석탑, 금당, 강당이 남북 일직선으로 자리하고, 그 주변으로 회랑을 돌린 1탑 1금당식의 구조를 하고 있는 것이 확인되었습니다. 석탑의 남쪽으로는 연못이 있습니다.

정림사가 새겨진 기와 ⓒ 국립부여박물관

정림사지 5층석탑은 백제의 석탑의 완성판입니다. 6세

정림사지 ⓒ 국립부여문화재연구소

기까지만 해도 탑은 나무로 만든 목탑이었습니다. 크고 웅장하게 만들 수 있는 목탑은 화재나 재해에 매우 취약한 약점이 있었습니다. 그래서 백제인들은 내구성이 강한 돌을 이용하여 탑을 쌓게 됩니다. 그 첫 번째 사례가 익산의 미륵사지 석탑입니다. 미륵사지 석탑은 목탑의 모습을 그대로 옮겨 왔습니다. 하지만 정림사지 5층석탑은 이런 전형을 깨고 석탑의 새로운 양식을 열게 됩니다. 고려시대까지 이어진 백제계 석탑은 정림사지 5층석탑을 모델로 하여 만들어지게 됩니다.

백제문화를 대표한 정림사지 5층석탑은 백제 멸망과 함께 크나 큰 상처를 입게 됩니다. 바로 사비성을 함락시킨 당나라 장수 소정방이 자신의 전공을 석탑의 1층 탑신에 새겨놓았던 것입니다. 정림사지 5층석탑은 백제의 영광과 좌절의 순간을 함께 한 셈입니다.

나성 부여읍내 주변에는 나성이 있습니다. 나성은 도성을 에워싼 성곽을 말합니다. 나성은 방어시설이면서 구별을 위한 경계선이기도 하였습니다. 도성의 안팎을 구분하고 삶의 생활공간과 죽음의 매장공간을 구분하는 경계였던 것입니다. 그래서 동쪽 나성 밖으로 능산리고분군이 위치하고 있습니다.

부여나성은 부소산성에서 동쪽으로 약 500m 정도 떨어진 청산성까지 곧장 이어지다가 여기서 방향을 남쪽으로 틀어 부여읍내 남쪽 금강에 닿게 됩니다.

나성은 안쪽에 부엽공법과 판축기법을 활용하여 토성을 먼저 구축하고 밖으로는 성돌을 덧붙여 쌓아 마감하였습니다. 부엽공법이

나성 동성벽 ⓒ 국립부여박물관

란 지반이 무른 곳에 벽체를 세울 때 나뭇가지와 흙을 번갈아 쌓아 서로 잡아주는 힘 즉, 인장력을 높여주는 공법을 말합니다. 판축기법은 흙과 진흙을 교차하며 다져 쌓아 벽체를 단단하게 만드는 공법을 말합니다. 이러한 토목공법들은 백제에서 일본으로 전해집니다.

능산리고분군 동쪽 나성 밖에는 왕릉구역인 능산리고분군이 있습니다. 모두 7기의 돌방무덤이 있고, 그중 대표적인 고분이 2호분입니다. 능산리 2호분은 무령왕릉과 같은 구조로 되어 있는데, 벽돌이 아니라 석재로 되어 있습니다. 그런 점에서 능산리고분군에서 가장 먼저 축조된 고분으로 보아왔고, 그 피장자는 사비 천도를 이끈 성왕으로 보고 있습니다.

능산리고분군은 돌을 잘게 깨서 할석으로 쌓은 돌방무덤과 달리 크게 판석으로 다듬어서 쓴 돌로 무덤을 만들었습니다. 돌 다루는 기술이 보다 발전하였음을 보여줍니다. 이러한 능산리고분 무덤양식은 지방으로 널리 퍼져 나가게 됩니다.

나성과 능산리고분군 사이에는 능산리사지가 있습니다. 중문, 목탑, 금당, 강당이 남북 일직선상에 배치된 전형적인 1탑 1금당식의 구조를 하고 있는 절터입니다. 능산리사지는 백제 위덕왕이 관산성 전투에서 전사한 성왕의 명복을 빌기 위해 창건했습니다. 왕실 사찰의 위상에 걸맞게 백제 최고의 유물이라는 금동대향로와 석조사리감이 출토되었습니다. 석조사리감은 사리를 넣는 돌로 만든 그릇을 말합니다. 이 사리감에는 성왕의 딸이자 위덕왕의 여동생인 공주가 사리를 공양하였다는 내용이 쓰여 있습니다.

금동대향로 ⓒ 국립부여박물관

백제 금동대향로는 뚜껑과 몸체, 받침대로 나누어 볼 수 있습니다. 몸체에는 연꽃잎이 장식되어 있고, 받침은 용이 떠받들고 있는 자세를 취하고 있습니다. 뚜껑 손잡이에는 봉황이, 뚜껑 몸체에는 봉래산이 표현되어 있습니다. 뚜껑 몸체에 10개, 봉황의 가슴에 2개 등 12개의 구멍이 있는데, 향을 피우면 구멍마다 연기가 피어올라 마치 신선세계를 보는 듯합니다. 백제의 독특한 정서가 함축된 최고의 기념물입니다.

중흥의 꿈-익산(금마저)

익산은 너른 들판에 금강과 만경강을 끼고 있는 풍요로운 땅입니다. 청동기시대 이래로 지역의 중심지로 성장하여 건마국(建馬國)이라는 마한의 유력한 소국이 있었다고 알려져 있습니다. 익산 서쪽 금강변 웅포면 입점리와 웅포리에는 5세기 중엽에 해당되는 한성시대 고분이 자리하고 있습니다. 입점리 1호 돌방무덤에서는 금동관모와 금동신발 등의 위세품과 중국제 네귀달린청자 등이 출토되어 이곳에 유력한 정치세력이 존재했음을 알려줍니다.

익산지역에서는 백제 말기인 7세기 이후의 유적이 집중되어 있습니다. 특히 백제 무왕 대에 익산지역이 왕도 혹은 왕도 후보지로서 개발된 것으로 보입니다. 익산 즉, 금마저와 무왕의 관계는 떼려야 뗄 수 없는 사이입니다.

『삼국유사』(三國遺事)에 의하면, 국도 남쪽 연못가에 살던 과부가 용과 정을 통하여 아들을 낳으니 서동(薯童)이라 하였습니다. 서동은 마를 캐어 팔아 홀어머니를 극진하게 모신 효자였습니다. 그런 그가 신라 공주 선화와 신분을 초월한 열렬한 사랑을 하게 되고 선화의 도움으로 왕으로 등극하여 무왕이 됩니다. 이후 무왕은 익산에 미륵사를 세우게 됩니다.

이처럼 무왕은 익산에서 태어나 왕이 됐고, 거대한 사찰을 세워 평화롭고 번영하는 백제를 꿈꿨습니다. 무왕의 흔적은 익산 곳곳에 남아 있습니다. 무왕의 탄생지

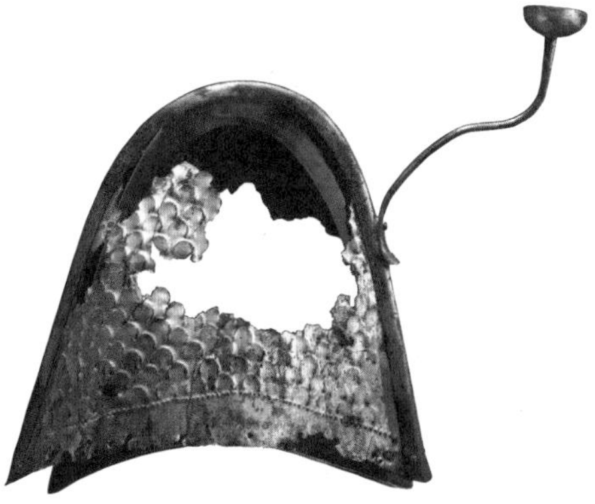

익산 입점리고분 금동관모 ⓒ 국립전주박물관

로 알려진 마룡지, 왕성이자 왕궁 터로 추정되고 있는 왕궁리유적, 무왕과 선화공주가 세웠다는 미륵사지, 그리고 무왕이 잠든 쌍릉 등이 있습니다. 이 중 왕궁리유적과 미륵사지가 세계유산 백제역사유적지구에 포함되어 등재되었습니다.

왕궁리유적 왕궁리유적은 무왕 때 건설된 백제 왕궁입니다. 남북 492m, 동서 234m의 담장이 둘러쳐진 궁성입니다. 이 안에서는 대형건물지 · 정원시설 · 후원시설 · 공방시설 · 화장실 등 33기의 다양한 건물터가 확인되었습니다.

무왕 사후 본격적으로 사찰 관련 건물이 들어섰는데, 궁성 남쪽 5층석탑 일대가 이에 해당됩니다. 5층석탑의 조성 시기는 백제부터 고려 초까지 다양한 견해가 제시되고 있습니다. 최근 통일신라의 돌로 짜맞춘(架構式) 단층기단과 백제의 평평한 지붕돌(屋蓋石)이 결합된 것으로 보아 후백제 때 조성되었을 가능성이 높다는 견해가 지지를 받고 있습니다. 5층석탑 안에는 유

왕궁리 오층석탑 © 국립전주박물관

왕궁리유적 ⓒ 국립부여문화재연구소

리제사리병과 금제사리내함 등의 사리갖춤은 2009년 발견된 미륵사지 서탑 사리갖춤과 유사하여 백제 무왕 때 만들어졌을 것으로 추정됩니다.

왕궁리유적에서는 토기 · 기와 · 유리 · 금제품 · 도가니 등 4,000여 점의 유물이 발견되었습니다. 관궁사(官宮寺), 대관궁사(大官宮寺), 왕궁사(王宮寺) 등의 글씨가 새겨진 기와가 출토되었는데, 수부(首府)가 새겨진 기와가 주목됩니다. 수부는 국왕이 거처하고 중앙행정기구가 있는 곳을 의미합니다. 왕궁리유적의 위상을 보여주는 대표적

수부(首府)가 새겨진 기와 ⓒ 국립부여박물관

인 유물입니다.

미륵사지 『삼국유사』에 기록된 미륵사는 현재 익산시 금마면 미륵산 아래에 동아시아 최대 규모를 자랑하는 사찰 터로 남아 있습니다. 미륵사의 가람배치는 중문, 목탑, 금당을 배치한 중원과 이를 둘러싼 회랑이 있고 중원의 양 옆으로 중문과 석탑, 금당을 배치한 동 · 서원으로 구성되어 있습니다. 또한 동 · 서원의 북편으로 동 · 서승방과 강당이 연결되어 있습니다. 절터의 남쪽에는 거대한 연못지와 수로가 연못이 발견되었습니다. 미륵사의 모습은 『삼국유사』 미륵사 건립설화의 내용과도 일치합니다. 백제시대 이후 통일신라,

미륵사지 서탑 사리갖춤 모습 © 국립문화재연구소

미륵사지 당간지주와 동탑(복원)

고려, 조선시대까지 전 시대 유구가 발견되어 미륵사의 역사가 오랫동안 이어졌음을 알 수 있습니다.

현재 미륵사지에 남아있는 유일한 건축물은 서탑입니다. 서탑은 일제강점기에 시멘트로 보강공사가 이루어졌고, 1999년 안정성이 우려되어 해체 및 보수작업에 들어갔습니다. 그러다 2009년 석탑의 1층 해체조사 중에 심주석 중앙 사리공에서 사리갖춤이 발견되었습니다. 사리공에서 발견된 금제사리봉영기에 의하면 639년에 미륵사 서탑에 사리구를 봉안한 사람은 무왕의 왕후였던 좌평 사택적덕(左平 沙宅積德)의 딸이라고 기록되어 있어 큰 파장을 몰고 왔습니다. 『삼국유사』에서 미륵사는 신라 진평왕의 딸 선화공주가 무왕과 함께 창건했다고 알려졌기 때문입니다. 설왕설래 끝에 현재는 무왕에게 2명의 왕비가 있었고, 선화공주의 발원으로 미륵사가 세워진 이후 사택 씨 왕후의 발원에 의해 서탑 일대 서원이 건설되었을 것이라는 절충안이 지지를 받고 있습니다.

미완의 완성-서울(한성)

백제는 한성-웅진-사비 순으로 2번의 천도를 하였습니다. 그렇다면 백제의 첫 번째 왕도 한성은 어디에 있었던 것일까요? 『삼국사기』에 따르면, 백제의 왕도는 한강 남쪽 위례성(慰禮城)을 시작으로 북성(北城)과 남성(南城)으로 이루어진 한성(漢城)으로 발전합니다. 왕릉은 욱리하(지금의 한강)의 돌을 가져다 무덤을 만들었다고 합니다.

한강 남쪽의 위례성은 지금의 서울 풍납동 토성의 주변 지형과 일치하고 북성과 남성은 풍납동 토성과 몽촌토성의 위치와 맞아 떨어

서울 풍납동 토성 ⓒ 국립문화재연구소

집니다. 몽촌토성 주변 석촌동고분군은 현재 5기의 무덤이 보존되어 있지만, 1917년 일제가 작성한 고분 분포도에 따르면 석촌동, 가락동, 방이동 일대에 293기의 돌무지무덤과 움무덤 등이 있었다고 합니다. 2개의 왕성과 수많은 무덤으로 구성된 백제 첫 왕도는 오직 서울 송파구에서만 찾아볼 수 있습니다.

현재 세계유산에 등재된 백제역사유적지구는 왕도 중 가장 긴 500년 역사를 간직한 한성도읍기 유적이 포함되지 못한 한계를 안고 있습니다. 늦었지만, 서울시에서도 한성백제유적을 세계유산으로 등재하기 위한 노력을 시작하였습니다. 가까운 미래, 서울에 있는 한성도읍기 백제유적도 세계유산으로 인정받는 날을 기대해봅니다.

참고문헌

백제 한성도읍기의 도성과 도시구조 『한성백제의 역사와 문화』, 김기섭, 서경문화사, 2007

특별전 도록 「서동의 꿈, 미륵의 통일 백제 무왕」, 국립부여박물관, 2011

백제역사유적지구 가이드북, (재)백제역사유적지구 세계유산등재추진단, 2012

송산리고분군 기초자료집 해설 · 논고, 국립공주박물관 · 공주시, 2012

공주고도보존육성사업연구총서 「웅진성 · 공산성」, 공주대학교박물관 · 공주시, 2013

특별전 도록 「익산」, 국립전주박물관, 2013

寺塔甚多, 백제 사비기 가람과 유물, 국립부여문화재연구소, 2014

한성백제유적의 세계문화유산적 가치, 『한성백제유적의 세계유산적 가치 조명』, 권오영, 서울특별시, 2015

천년왕국 신라의 수도

경주역사유적지구

심준용 (A&A문화연구소)

도시 전체가 거대한 박물관인 경주

한반도는 기원전 1세기를 전후하여 고구려, 백제, 신라로 나뉘어져 있다가, 676년에 이르러 가장 늦게 발전한 신라에 의해 한 나라로 통일되었습니다. 신라(기원전 57~935년)는 한반도 최장수 고대국가였고, 그래서 '천년왕국'으로 불리지요. 그런 신라의 수도였던 경주는 신라의 역사를 고스란히 담고 있습니다. 신라가 멸망한 뒤로 한반도의 행정 중심이 개성, 한성 등으로 옮겨지면서 경주는 개발이 정체되기도 했습니다. 그런데 경주는 그 덕분에 신라의 역사가 고스란히 담긴 타임캡슐이 되었고, 지금까지도 경주는 수많은 문화유산들이 곳곳에서 방문객들을 반겨주고 있습니다.

경주역사유적지구(Gyeongju Historic Areas)는 유적의 밀집도와 다양성이 매우 뛰어난 유적으로 평가받고 있습니다. 비슷한 시기에 세계유산으로 등재된 일본의 교토, 나라의 역사유적 못지않게 훌륭한 세계유산이지요.

경주역사유적지구는 세계유산 등재기준의 (ⅱ)와 (ⅲ) 항목을 충족시켰습니다.

기준 (ⅱ) 경주역사유적지구에는 불교건축 및 생활 문화와 관련된 뛰어난 기념물과 유적지가 다수 분포해 있다.

기준 (ⅲ) 신라 왕실의 역사는 1,000년에 이르며, 남산을 비롯해 수도 경주와 그 인근 지역에서 발견된 유물과 유적은 신라 문화의 탁월함을 보여 준다.

유네스코 세계유산위원회는 경주역사유적지구가 '오랜 세월에 걸쳐 또는 세계의 일정 문화권 내에서 건축이나 기술 발전, 기념물 제작, 도시 계획이나 조경 디자인에 있어 인간 가치의 중요한 교환을 반영하고 있다'고 평가했고, '독특하거나 지극히 희귀하거나 혹은 아주 오래된 유산에 부합된다'고 평가했습니다.

첨성대

경주역사유적지구는 유적의 성격에 따라 남산지구, 월

성지구, 대능원지구, 황룡사지구, 산성지구 등 모두 5개 지구로 나누어져 있으며, 50여 개의 지정문화재가 세계유산 지역에 포함되어 있습니다.

신라, 불교문화를 꽃피우다-남산지구

경주의 남산은 한반도 최대의 야외 박물관이라고 불릴 만큼 신라의 불교문화가 잘 남아있는 지역입니다. 신라 건국설화에 나타나는 나정(蘿井), 신라왕조의 패망을 맞게 했던 포석정(鮑石亭), 미륵곡 석불좌상, 배리 석불입상, 칠불암 마애석불 등이 남산에 산재해 있습니다.

나정은 신라의 시조인 박혁거세의 탄생지로 알려진 곳으로, 신라

남산 탑곡 마애불상군에 새겨진 구층목탑

가 멸망할 때까지 신성하게 여겼던 우물입니다.《삼국유사》에는 다음과 같은 기록이 있습니다.

> 2,000년 전 경주일대에는 여섯 촌이 무리를 이루어 살고 있었는데, 여섯 촌 중 하나인 고허촌의 촌장이 밝은 빛이 나정이라는 샘을 비추고, 옆으로 흰말 한 마리가 그 빛을 향해 절을 하고 있는 것을 보았다. 말이 있던 자리에는 붉은 알 하나가 빛나고 있었고 그 알에서 후에 여섯 촌을 통합하여 나라를 세우는 박혁거세가 태어났다.

한때 나정은 역사적인 장소가 아닌 허구의 장소라는 주장도 있었으나, 2002년부터 진행한 발굴조사를 통해서 세 곳의 신라시대 우물터와 3천600제곱미터 넓이의 팔각 건물터, 그 하부의 우물터 등이 확인되었습니다. 신라가 건국되는 시기에 대한 많은 정보를 보여주는 유적이지요.

포석정은《삼국유사》에 신라의 왕이 신하들과 함께 여흥을 즐겼던 곳으로 기록되어 있습니다. 포석정은 유상곡수연이라는 놀이를 위한 시설인데, 유상곡수연이란 수로를 만들어 물을 흐르게 하고 물 위에 술잔을 띄워 그 술잔을 마신 사람이 시를 한 수 읊었던 놀이입니다. 이 놀이는 중국의 상류층도 즐겼다고 하는데, 유적이 남아있는 경우는 거의 없다고 합니다.

포석정에는 신라 멸망의 아픔과 관련된 기록도 전해오는데,《동국통감》에는 경애왕이 포석정에서 궁녀들과 술을 마시다가 후백제의 견훤군에게 붙잡혀 자결하였다는 이야기가 실려 있습니다.

남산의 40여 개 골짜기에는 100여 곳의 절터와 60여 구의 석불, 40여 기의 탑이 조성되어 있습니다. 대부분 신라시대에 제작된 것이고, 신라인들의 불교 신앙심이 얼마나 뜨거웠는지를 이 유적들을 통해서 확인할 수 있지요. 남산의 불교조각들은 문화재 중에서 지금은 없어진 문화재를 복원할 때 실마리를 제공해주기도 합니다. 탑곡 마애불상군이 대표적인 사례인데, 지금은 우리나라 어디서도 볼 수 없는 9층 목탑과 7층 목탑 모습이 부조되어 있어 황룡사 목탑의 원형을 추정하는데 좋은 자료가 되고 있습니다.

남산 삼릉계곡 선각육존불

남산 삼릉계곡 선각여래좌상에서 본 경주의 경관

남산 삼릉계곡 석불좌상

남산 삼릉계곡 석조여래좌상

금성 시대 신라의 심장이었던 월성지구

월성지구에는 신라의 왕궁터로 알려진 월성, 신라 김씨 왕조의 시조인 김알지가 금빛 궤짝에서 발견되었다는 계림(鷄林), 신라왕실

월성의 석빙고(조선시대에 제작된 것이다)

의 화려한 생활을 엿볼 수 있는 임해전지, 그리고 동양 최고의 천문 시설로 추정되는 첨성대(瞻星臺) 등이 있습니다.

임해전지는 안압지로도 불립니다. 삼국통일 직후에 만들어진 이곳은 인공호수와 궁궐 관련 시설로 이루어져 있습니다. 통일신라의 대표적인 정원으로 손꼽히는데, 이곳 백미는 인공호수입니다. 궁궐 시설이 조성된 부분은 호안을 직선으로 만들었지만, 그 외의 부분은 호안을 다양하게 부정형으로 만들었습니다. 그 결과 시각적으로 인공호수가 실제 크기보다 훨씬 넓고 다채로워 보이는 효과가 있지요. 신라인들의 과학적인 조경기술을 이곳에서 만날 수 있습니다.

임해전지 발굴조사에서는 다양한 유물이 확인되었는데, '주령구'라는 14면체 주사위도 나왔습니다. 잔치 때 흥을 돋우는 놀이기구였는데, 숫자에 따라 '술 석잔 한 번에 마시기', '마음대로 노래 청하기', '노래 없이 춤추기'등의 벌칙들이 적혀있습니다. 당시 신라 귀족

임해전지

임해전지의 야경

들의 놀이문화를 엿볼 수 있지요.

신라 왕족들의 묘가 거대한 구릉을 이룬 대능원지구

신라 왕족들의 무덤인 고분은 경주 전역에서 볼 수 있습니다. 그런데 특히 대능원지구에는 황남리 고분군, 노동리 고분군, 노서리 고분군 등 신라 왕실의 많은 무덤들이 있습니다. 몇몇 고분을 발굴조사한 결과 금관, 천마도, 유리잔, 각종 토기 등 당시의 생활상을 파악할 수 있는 귀중한 유물들이 출토되었습니다.

신라 고분의 내부는 유일하게 천마총에서 볼 수 있습니다. 천마총

대릉원

대릉원 내 천마총 내부 전시시설

괘릉 원성왕릉

괘릉 원성왕릉 둘레석의 십이지신상

괘릉 원성왕릉 무인석의 얼굴(서역인 얼굴)

의 무덤 양식은 '적석목곽분'인데, 이 양식은 나무덧널 위로 돌무지를 쌓아 봉분을 만들고 그 위에 흙을 덮어 마감하는 방식입니다. 천마총에서는 금관과 천마도장니 등 11,500여 점의 유물이 발굴되었습니다. 천마도장니는 말 양쪽 배에 가리는 자작나무 껍데기로 만든 판인데, 거기에 천마가 그려져 있습니다. 그래서 '천마총'으로 불리게 되었지요.

괘릉은 원성왕의 무덤으로 알려져 있습니다. 무덤을 둘러싸고 있는 십이지신, 이국적인 얼굴을 하고 있는 무인석 등이 있어서 다른 능원보다 훨씬 더 흥미롭게 신라의 묘제를 엿볼 수 있습니다.

신라 최대의 사찰, 황룡사지구

황룡사지구에는 황룡사지와 분황사가 있습니다. 황룡사는 신라 최대의 사찰로 알려져 있으며, 몽고의 침입으로 소실되었으나, 발굴조사를 통해 대사찰의 웅장한 규모를 짐작할 수 있게 되었습니다. 황룡사지에서 출토된 4만여 점의 유물은 신라시대 연구의 귀중한 자료가 되고 있습니다.

미륵사지 동탑

황룡사지에서 가장 주목받는 곳은 9층목탑지입니다. 이 탑은 아홉 국가의 외침을 막아달라는 기원이 담겨 있는데, 1283년에 침입한 몽고군에 의해 파괴되었다고 합니다. 높이가 80미터에 달했다고 전해오는데, 지금은 터만 남아있습니다.

황룡사지 옆에는 분황사지가 붙어있습니다. 분황사에 남아있는 모전석탑은 634년 분황사의 창건과 함께 제작된 것으로 알려져 있고, 현존하는 신라 석탑 가운데 가장 오래된 것입니다.

중국은 옛날부터 벽돌로 탑을 세웠지만, 한반도에는 돌탑이 많았고, 일본에서는 목탑을 세웠습니다. 이와 같은 특성은 환경, 문화적으로 다양한 조건의 차이에 기인하는 것입니다. 하지만 중국에도 목탑이 있고, 우리나라에도 전탑(벽돌 탑)이 있습니다.

분황사의 모전석탑은 재료와 기술 측면에서 매우 재미있는 탑입니다. 탑의 형태는 분명히 벽돌로 쌓은 전탑이지만, 재료를 보면 벽돌 모양의 돌이거든요. 신라인들은 인공으로 석굴을 조성하고 그 속

분황사 모전석탑

분황사 모전석탑의 돌사자

황룡사 금동삼존장륙상 대좌

황룡사지 9층목탑지

에 사찰을 만든 석굴암처럼, 돌을 벽돌 모양으로 다듬어서 전탑으로 보이는 모전석탑을 만든 것입니다. 이와 비슷한 사례로 백제의 미륵사지석탑이 있는데, 이 탑은 목탑의 형태로 만든 석탑입니다. 분황사 모전석탑과 미륵사지석탑을 보면 서로 다른 문화가 만나서 어떤 변화를 낳는지 확인할 수 있습니다. 모전석탑은 원래 9층의 높다란 탑이었지만, 지금은 3층만 남아있습니다.

신라는 성곽 양식에서도 고구려, 백제와 달랐습니다. 고구려와 백제는 수도를 둘러싸는 거대한 성곽을 축조했지만 신라는 중요한 거점에만 산성을 쌓았습니다. 경주가 산으로 둘러싸인 지형이기 때문에 굳이 경주를 성곽으로 에워쌀 필요가 없었겠지요. 신라의 산성으로는 경주의 명활산성이 경주역사유적지구에 포함되어 있습니다.

명활산성

명활산성 발굴조사 현장

신라의 수도를 지켜라-명활산성

명활산성의 정확한 축성연대는 알 수 없습니다. 다만 405년에 왜병이 명활성을 공격하였다는 《삼국사기》의 기록을 통해 그 이전에 축성되었음을 알 수 있습니다.

산성의 둘레는 약 6킬로미터입니다. 성벽을 살펴보면 여러 개의 단으로 이루어져 있는데, 아랫단은 비스듬하게 경사를 주고 반가공한 석재를 쌓아 외부를 조성하였습니다. 맨 위단은 흙으로 마감되어 있습니다. 성벽의 속재료는 석재들을 빼곡하게 쌓아서 튼튼하게 만들었지요.

명활산성을 쌓기 전 신라는 고구려와 일본(왜)의 침입을 자주 받았습니다. 신라는 왜의 침략에 대비하기 위해 명활산성을 쌓았을 것으로 추측됩니다. 431년(눌지왕 15)에는 왜인이 이 성을 포위하고 공격한 일이 있는데, 그만큼 명활산성은 신라의 수도 금성(경주)을 지키는 중요한 성이었던 것이지요.

현재 명활산성은 많은 곳이 허물어졌고 옛 모습은 일부만 남아 있는데, 진평왕 때 쌓은 것으로 추측됩니다.

참고문헌

답사여행의 길잡이 – 경주, 한국문화유산답사회, 돌베개, 2008

유네스코 지정 한국의 세계유산, 국립제주박물관, 서경, 2007

우리나라의 세계유산1, 송명석 외, 반석출판사, 2013

유네스코와 유산, http://www.unesco.or.kr/heritage

신라에 만든 부처님의 이상세계

석굴암과 불국사

심준용 (A&A문화연구소)

신라의 전성기에 탄생한 불후의 걸작

우리나라에 불교는 인도에서 중국을 거쳐 들어왔습니다. 그 뒤로 불교는 고려시대까지 국교로서 막강한 영향력을 행사하였습니다. 신라는 삼국통일을 이룬 뒤로 세련미 넘치는 불교문화를 꽃피웠습니다. 그리고 신라는 실크로드를 통해 선진문화를 받아들이고 그 문화를 재해석하여 세련된 문화를 꽃피웠고, 수많은 유산으로 우리에게 신라 문화의 우수성을 보여주고 있습니다.

석굴암은 신라의 전성기에 탄생한 최고의 문화유산입니다. 설계단계부터 건축, 수리, 기하학, 종교, 예술이 총체적으로 실현된 유산입니다. 오늘날에도 당시의 기술력을 따라잡지 못하고 있는 신비의 인공석굴입니다.

불국사는 불교의 이상세계인 불국토(佛國土)를 잘 형상화했다고 평가받는 대표적인 사찰입니다. 독특한 건축미가 돋보이는 한국의 대표적인 사찰이지요.

석굴암과 불국사는 세계유산 등재기준의 1조항과 관련하여 '독특한 예술적 혹은 미적인 업적, 즉 창조적인 재능의 걸작품을 대표하는 유산'이라는 평가를 받았고, 4조항과 관련하여 '가장 특징적인 사례의 건축양식으로서 중요한 문화적, 사회적, 예술적, 과학적, 기술적 혹은 산업의 발전을 대표하는 양식에 합당하다는 평가를 받았습니다. 1995년에 세계유산으로 등록되었지요.

석굴 사원을 조성하라!

석굴은 많이 춥거나 더운 곳, 특히 건조한 지역에서 많이 조성합니다. 동굴에 부처님을 모신 석굴 사찰이 대개 인도와 중국의 건조한 지역에 있는 까닭이 바로 그것입니다. 중국의 둔황석굴이나 룽먼석굴이 유명하지요. 멀리 요르단의 페트라(요르단 남부에 있는 대상도시유적, 유네스코 세계유산)(도 석굴입니다.

한반도에서는 동굴을 주거용으로 활용한 사례가 신석기시대 이후로 거의 없습니다. 여러 가지 이유가 있겠지만, 한반도는 온난다습한 기후라 동굴 안이 매우 습하기 때문입니다. 게다가 대부분의 지질이 화강암이라 석굴을 만들기도 어렵습니다. 그런 이유로 한반도에서는 청동기시대 이후 동굴을 사람이 오래 머물지 않는 공간, 즉 음식물 저장소, 무덤 등으로 활용했습니다.

그런데 왜 신라인들은 굳이 석굴 형태의 사찰을 세웠을까요? 그것도 진짜 동굴이 아니라 인공 석굴로 사찰을 조성했을까요? 그 이

석굴암 ⓒ 김태식 촬영

조선고적도보 - 석굴암, 20세기 초

유는 석굴암을 만든 사람이 부처님에게 지극한 불심을 보이고자 했기 때문입니다.

석굴암을 만든 석공들에게 가장 큰 난관은 온도와 습도 문제였습니다. 어떻게 하면 습하지 않은 석굴 사원을 만들 수 있을까? 그 대답이 석굴암에 담겨 있습니다. 774년에 조성된 석굴암은 천년이 넘도록 그 자태를 그대로 유지하고 있습니다. 신라인들이 '자연현상을 활용한 항온항습시설'을 만드는 기술을 알고 있었던 것이지요.

그런데 석굴암은 일제강점기에 전면해체된 뒤로 항온 항습 조절 기능을 잃었습니다. 최첨단 과학기술을 가진 오늘날에도 습도 문제

석굴암모형 - 신라역사과학관

석굴암보호각(내부는 촬영할 수 없다)

를 해결하지 못하여 석굴암은 과거의 모습을 되찾지 못하고 있습니다. '인공적인 항온 항습시설'을 설치하고 두꺼운 유리로 입구를 막았기 때문에 밖에서만 석굴암을 들여다 볼 수 있을 뿐입니다. 자연을 최대한 활용한 1200년 전 신라의 과학기술을 우리가 따라잡지 못하고 있지요. 과연 신라인들은 석굴암을 어떻게 쾌적하게 만들 수 있었을까요?

여러 학자들은, 석굴암에 흐르던 작은 물길이 공중의 습기를 흡수하였을 가능성, 석굴암 벽면의 통풍구로 바람이 드나들면서 습도를 조절했을 가능성을 제기합니다. 하지만 명확한 결론은 내지 못한 채 연구를 이어가고 있지요. 그런데 현재의 석굴암에는 더 이상 물이 흐르지도, 바람을 느낄 수도 없습니다. 학자들의 연구가 더욱 발전되면

멀리서 본 석굴암

언젠가는 석굴암의 신비가 풀리겠지요.

석굴암과 불국사를 만든 사람은?

《삼국유사》를 보면 김대성이라는 사람이 석굴암과 불국사를 조성했다고 나옵니다. 김대성은 원래 홀어머니를 모시는 가난한 머슴이었는데, 열심히 일을 하여 작은 집과 밭을 마련했다고 합니다. 어느 날 부처님께 시주를 하면 다음 생애에는 잘 살게 된다는 스님의 이야기를 듣고 모은 재산을 흥륜사라는 사찰에 시주하지요. 그 후 얼마 지나지 않아 김대성은 사망하였는데, 그날 밤 재상 김문량의 집에 이상한 일이 생겼습니다. '모량리의 대성이라는 아이가 너희 집에 환생하리라'하는 소리가 들렸다는데, 그 일이 있은 뒤로 재상의 아내가 아이를 낳았는데 그 아이가 김대성이었다고 합니다.

부잣집 아들로 다시 태어난 김대성은 장성한 뒤에 환생하기 전의 홀어머니를 위해서 석굴암을 세웠고, 환생한 후의 부모인 김문량 부부를 위해서는 불국사를 세웠다고 합니다.

이 기록을 모두 사실로 보기는 어렵겠지만, 석굴암과 불국사가 언제 조성되었고, (두 사찰이 서로) 연관이 있다는 것을 알 수 있습니다. 또 당시 사람들이 생각했던 죽음과 환생에 대한 생각, 부처님에 대한 깊은 신앙심, 석굴암과 불국사에 대한 애정도 생각하게 해줍니다.

실제로 석굴암과 불국사가 창건된 시기는 751년 신라 경덕왕 때로 김대성이 짓기 시작하여 그가 사망한 뒤인 774년 신라 혜공왕 때 완공된 것으로 알려져 있습니다.

석굴암을 이루는 석재의 재질과 구성을 살펴볼까요? 석굴암은 하얀 화강암재를 사용하여 토함산 중턱에 인공으로 석굴을 만들고, 내부 공간에는 본존불인 석가여래불상이 있습니다. 둘레 벽에는 보살상과 제자상, 역사상, 천왕상 등 총 39체의 불상을 조각하였으며, 석

석굴암 부재들

굴암의 석굴은 직사각형의 전실과 원형의 주실이 통로로 연결되어 있습니다. 석굴암의 입구 쪽에 있는 평면방형의 전실에는 좌우로 4구씩 팔부신장(불법을 수호하는 여덟 수호신)을 두고 있습니다. 통로 좌우 입구에는 금강역사상(수문장신)을 조각하였으며, 좁은 통로에는 2구씩의 사천왕상(우주의 사방을 지키는 수호신)을 조각하였습니다.

주실 입구에는 좌우로 8각 석주를 세웠고 이곳을 지나면 평면원형의 주실로 본존은 중심에서 약간 뒤로 안치되어 있습니다. 주벽에는 천부상 2구, 보살상 2구, 나한상 10구가 새겨져 있고, 본존 뒤쪽에는 십일면관음보살상이 있습니다. 석굴암 내부의 모든 조각들은 당대 최고 예술가의 솜씨를 보여주고 있어, 보는 이들로 하여금 경이로움을 느끼게 합니다.

섬세하고 아름다운 부처님의 나라, 불국사

석굴암과 같은 시기에 지은 불국사는 경주에서 바다로 가는 길의 동쪽, 토함산에 위치합니다. 석굴암과 함께 삼국통일 이후 전성기를 맞이한 신라의 정제된 예술성을 보여주는 대표적인 건축물이지요.

토함산은 경주에서 가장 높은 산입니다. 지금은 불국사가 있는 토함산 중턱까지 차로 들어갈 수 있지만, 옛날에는 조용한 숲길을 따라 걸어가야 했지요. 숲길을 걸으며 마음을 차분하게 가라앉힌 신라 사람들은 큰 연못 위에 떠 있는 연꽃 같은 불국사를 보며 그 신비로움에 신앙심이 더욱 깊어졌을 것입니다.

불국사

불국사는 크게 세 개의 권역으로 구분됩니다. 대웅전 권역, 극락전 권역, 비로전 권역이 그것입니다. 대웅전 권역은 불국사의 중심인데, 청운교와 백운교라는 계단 형태의 다리를 건너서 자하문을 통해 들어갑니다. 예전에는 청운교와 백운교 밑에 큰 연못이 있었지만 지금은 볼 수 없고, 현재 자하문을 문화재로 보호하고 있어서 옆으로 입장합니다.

자하문을 들어서면 대웅전이 중심을 잡고 있으며, 뒤편으로 강당의 역할을 했던 무설전이 회랑으로 연결되어 있습니다. 대웅전 앞에는 두 개의 아름다운 석탑이 있는데, 석가탑과 다보탑입니다.

석가탑은 삼국통일 이전에 만들어지던 신라 석탑들의 완성작이라고 불리는 아름다운 탑입니다. 기단부터 상륜부로 이어지는 완벽에 가까운 비례는 아름다운 신라의 여인에 비유되기도 합니다.

석가탑이 신라 석탑의 과거를 대표하는 탑이라면 다보탑은 어디에서도 볼 수 없는 독특한 모습이 큰 장점입니다. 사각형의 기단부에서 원형과 팔각형의 탑돌들이 상륜부로 이어지는 모습은 무척 화려하고 웅장하여, 세련된 느낌의 석가탑과는 굉장히 이질적으로 보이지요.

다음으로 극락전 권역을 살펴볼까요? 대웅진이 법화경에 기반을

다보탑

석가탑

불국사 신라시대 석축

둔 석가모니 부처님의 영역이라면 극락전은 무량수경과 아미타경에 기반을 둔 아미타 부처님(극락세계를 다스리는 부처)의 극락세계입니다. 비로전은 화엄경에 기반을 둔 비로자나 부처님(석가모니의 진신을 높여 부르는 호칭)의 연화정 불국세계입니다. 현세의 부처님과 내세의 부처님을 따로따로 모신 곳이지요.

불국사가 이렇게 여러 영역으로 조성된 데는 숨은 뜻이 있습니다. 당시에 신라는 여러 불교사상이 유행하였는데, 불국사를 통해서 불교의 단합을 도모하고 국가 구성원 간의 일체감을 강화하려는 의도였습니다. 또 한 가지는 사찰이 갖추어야 할 요소를 보다 더 완벽하게 구성하려는 뜻으로 해석됩니다.

그 영역들을 회랑으로 구분하면서도 통합 배치함으로써 완벽한

'불국토'를 조성하려는 의도였을 거라는 생각이 듭니다.

불국사는 불행히도 여러 차례의 화재를 겪었습니다. 그래서 나무로 제작된 부분은 조선시대 이후에 거의 다시 만들어졌고, 불에 타지 않은 석축 부분은 신라시대의 모습을 그대로 간직하고 있습니다.

불국사의 석축은 자연미와 인공미가 조화를 이루고 있습니다. 흡사 목조가구를 떠오르게 하지요. 인공적인 틀을 만들고 내부에 석채를 쌓았는데, 자연석을 최소한으로 다듬어 사용했습니다. 석축만 봐도 신라인들이 얼마나 자연과 인간의 조화를 중요하게 생각했는지를 느낄 수 있습니다.

불국사의 석축은 경사면에 세워진 불국사를 수평으로 짓기 위해 쌓은 것입니다. 불국사의 석축을 측면에서 보면 뒤편으로 갈수록 높이가 낮아집니다. 인공적인 틀을 수평면으로 조성하지 않고 경사지게 구성하여 자연스러운 체감율을 느낄 수 있도록 하였습니다.

참고문헌

답사여행의 길잡이 – 경주, 한국문화유산답사회, 돌베개, 2008

유네스코 지정 한국의 세계유산, 국립제주박물관, 서경, 2007

우리나라의 세계유산1, 송명석 외, 반석출판사, 2013

유네스코와 유산. http://www.unesco.or.kr/heritage

유네스코세계유산. http://terms.naver.com/list.nhn?cid=3388&categoryId=3388

한국민족문화대백과. http://terms.naver.com/list.nhn?cid=392&categoryId=392&categoryType=dictionary

통일국가 고려의 수도 개성

개성역사유적지구

남창근 (경기문화재단)

삼국을 통일한 신라는 10세기 말엽 다시 신라-후백제-후고구려로 분열되어 후삼국 시대가 열렸습니다. 후고구려는 918년에 삼국을 통일하고 나라 이름을 바꿨는데, 그 왕조가 바로 고려입니다. 중국과 같은 황제국을 지향하며 건국한 고려는 수도를 개성으로 정하였고, 1392년 멸망할 때까지 475년간 한반도를 통일국가로 지배했습니다.

고려는 바다와 가까웠던 개성의 지리적 이점을 살려 중국, 일본뿐만 아니라 멀리 아라비아와 페르시아까지 국제적 교류를 활발히 하였습니다. 한국의 공식국가 명칭이 된 'KOREA'는 이 당시 서양에 알려진 '고려(Koryŏ)'에서 유래한 것입니다.

개성은 고려시대 전 기간에 걸쳐 정치 · 사회 · 문화의 중심지였기 때문에 수많은 문화유산이 남아 있게 되었습니다. 개성은 동시대 중국의 장안(長安), 일본의 나라(奈良), 베트남 호왕조의 요새(胡朝

개성역사박물관 조선 후기 개성지도

城)와 더불어 동양 중세 수도의 모습을 간직한 귀중한 유산으로 평가받고 있습니다.

개성역사지구는 세계유산 등재기준 (ⅱ)와 관련하여 '고려시대 이전 한반도 국가들의 문화적, 정신적, 정치적 가치의 융화와 5세기가 넘는 기간 동안 이웃 국가들과 그러한 가치를 교류한 점을 잘 보여준다'는 평가를 받았고, (ⅲ)과 관련하여 '동아시아 사상의 흐름이 불교에서 유교로 넘어가는 시기에 고려의 문명을 보여주는 특출한 증거'라는 평가를 받았습니다. 세계유산에 부합하는 완전성과 진정

개성 남대문(조선고적도보)

성 그리고 관리 및 보호 요건 등이 충족되어 2013년 '개성의 역사 기념물과 유적(Historic Monuments and Sites in Kaesong)'이라는 이름으로 세계유산에 등재되었습니다.

개성역사유적지구는 고려왕조(918-1392)의 통치 기반을 보여주는 다양한 문화유산의 총체로 구성되어 있습니다. 자연에 순응한 풍수지리적 도시설계와 나라의 정통성을 상징하는 왕궁과 왕릉군, 도시방어체계인 성곽, 그리고 불교에서 유교로 통치이념이 전환되던 시기 문화적 · 정신적 가치를 고스란히 담고 있지요.

개성역사유적지구는 총 12개 개별유산으로 구성되어 있는데, 이 가운데 만월대와 개성 첨성대, 개성 성곽(5개 구역), 개성 남대문 등은 고려왕조의 통치 기반과 도시방어체계를 보여주는 유적입니다. 고려 성균관, 숭양서원, 선죽교와 표충사는 불교에서 유교로의 통치이념이 전환되던 시기의 사상적, 정신적 가치를 담고 있답니다. '왕건릉과 7개 왕릉과 명릉', '공민왕릉'은 고려왕조의 정통성과 연속성을 상징적으로 보여주는 유적입니다.

현재 북한 당국에서도 개성역사지구의 난개발을 막고, 문화유산의 체계적이고 종합적인 보존을 위해 관계법령과 관리지침을 새롭게 정비하였다고 합니다. 또한 개성역사유적지구 보호를 위해 완충지역으로 설정된 산과 숲, 전통한옥들도 특별 보호를 받게 됩니다.

500년 역사가 담긴 고려 궁성 만월대와 성곽

현재 개성의 도시공간구조는 고려시대에 그 바탕이 완성되었습니다. 고려 건국 초기 왕의 거처이자 정치 · 행정의 중심인 궁궐(만월대)과 궁성, 황성 등이 건설되었고, 고려 후기에는 4중의 성곽으로 도시 외곽까지 둘러싼 수도방어 시스템이 완성되었답니다.

개성 만월대 주변 마을 풍경

고려 궁궐이 위치했던 만월대는 개성의 주산인 송악산 남쪽 기슭에 위치하고 있는데, 이곳은 고려를 세운 태조 왕건(877~943)의 옛 집이 있었던 곳입니다. 예로부터 이곳은 '새 나라를 세울 왕이 탄생할 명당터'라는 예언이 전해지던 곳이라 합니다. 송악산은 마치 임산한 여인이 머리를 풀고 누워있는 형상이어서 눈길을 끈답니다.

고려 궁궐 만월대는 당시 고려 사람들의 높은 안목과 토목 · 건축 기술을 엿볼 수 있는 유적입니다.

경사진 산자락에 높은 누대(대지)를 층층이 쌓아 대지를 조성하고, 그 위에 수백채의 궁전 건물을 세웠는데, 이런 궁궐의 입지와 배치는 동아시아에서 찾아보기 어렵습니다. 특히, 궁궐의 정전(正殿)인 회경전(會慶殿) 영역에 남아 있는 건축유구는 황제궁의 위상과 경이로움을 느끼게 해 줍니다.

고려 궁성 만월대 시굴조사 전경(2007년)

만월대 회경전 영역 축대와 계단

개성의 성곽은 4중 구조로 축성되었습니다. 궁궐을 보호하는 궁성(宮城)과 이를 보호하는 황성(皇城), 그 외곽으로 내성(半月城)과 외성(羅城)이 있습니다. 왕성인 내성은 둘레가 2,600칸이고 성문이 20개나 되었다고 하며, 외성은 개성 전체를 둘러싸고 있는데, 그 둘레가 16km에 달했다고 합니다. 고려왕조 500년 역사 동안 중국, 몽고, 일본 등 이민족의 침입이 있을 때마다 이를 방어하기 위해 축조한 것입니다. 현재는 외성과 내성 일부, 남대문과 궁궐건물지 등이 남아 있습니다.

'만월대'는 '보름달을 감상하는 높은 누대'라는 뜻인데, 조선시대 사람들이 붙인 명칭이라 합니다. 고려의 멸망과 함께 폐허로 남게 된 옛 궁궐터에서 느껴지는 시절의 허망함과 무심히 하늘에 걸려있는 보름달이 상상이 되시나요?

고려의 폐망을 지켜본 대유학자 길재(吉再, 1353 ~ 1419)도 찬란했던 고려왕조의 허망함과 남겨진 유적의 쓸쓸함을 시로 남겼답니다.

> 오백년 도읍지를 혼자서 말을 타고 들어가니
>
> 산과 강물은 옛날 그대로 인데, 그 옛날 뛰어난 인재들은 보이질 않네
>
> 아~! 영화롭던 옛 시절이 모두 꿈이었구나.

만월대는 2007년부터 남과 북이 힘을 모아 발굴조사를 진행하고 있습니다. 그동안 고려청자를 비롯한 수많은 유물과 수십 동의 건물지가 발굴되었지요. 그 규모가 워낙 커서 앞으로 발굴조사에 몇 년이 더 소요될지 알 수 없다고 합니다. 발굴조사가 진행됨에 따라 고려시대 문화유산이 찬란하게 드러나겠지요.

고려 첨성대, 천문 관측대일까?

별을 관찰하고 그 이치를 따지는 천문학은 동서양을 막론하고, 고대부터 현재까지 우리 인류에게 중요한 학문의 하나였습니다. 특히 고대와 중세 국가에서 천문학은 나라의 운명을 점치던 중요한 이론이었지요.

고려 첨성대(국립중앙박물관)

『고려사』의 천문지(天文志) · 역지(曆志) · 백관지(百官志) 서운관조(書雲觀條) 등을 보면 고려시대에도 천문을 관측했던 사실을 알 수 있습니다. 신라의 수도 경주에 첨성대가 있듯이 고려에도 천문을 관측하던 첨성대가 있었을 것입니다. 실제로 개성 만월대 궁궐터 서쪽에는 첨성대로 알려진 석조구조물이 있습니다. 전체 형태는 높이 3미터의 사각형 돌기둥이 네 모서리와 중앙에 있고, 그 위에 길이 3미터 내외의 사각형 석대(石臺)를 얹어 놓은 모양입니다.

이 석조구조물을 고려의 첨성대라 추정하고 있지만, 사실 옛 기록에 첨성대에 대한 기록이 없고, 정확한 관측 기록이 없어 첨성대로 단정 짓기에는 어려움이 있습니다. 앞으로 과학적인 조사와 연구를 통해 고려 첨성대의 실체를 밝혀야 하겠지요.

고려 왕조 정통성의 상징 고려왕릉 : 왕건릉, 7개 왕릉, 명릉 무덤군, 공민왕릉

개성과 그 인근 지역에는 고려 왕실의 많은 무덤들이 남아있습니다. 고려왕릉 중에는 일제강점기와 한국전쟁 등을 거치면서 방치되거나 훼손, 도굴되어 능의 주인을 알 수 없는 것도 많습니다. 남북한 군사분계선 주변인 판문군에는 6대 성종의 강릉, 11대 문종의 경릉, 12대 순종의 성릉이 있으며, 몽고 침략기에 강화도로 수도를 옮긴 39년 동안 조성된 4기의 왕릉과 왕비릉은 남한 강화도에 있습니다. 유네스코 세계유산에 등록된 고려왕릉은 북한 개성 주변에 있는 왕건릉과 7개 왕릉, 명릉, 공민왕릉입니다.

왕건릉(顯陵)은 1994년 북한에서 대대적으로 재정비했으나, 7개의 왕릉은 일제에 의해 도굴당해 능의 주인을 알 수가 없습니다. 명릉은 여덟 살에 즉위하여 열두 살에 죽은 충목왕의 능입니다. 명릉 주변에 2기의 왕릉이 더 있는데, 그 왕릉도 심각한 도굴과 훼손으로 주인을 밝히지 못하고 있습니다.

가장 보존이 잘 된 왕릉은 현정릉으로, 공민왕(恭愍王)의 현릉(玄陵)과 왕비 노국대장공주(魯國大長公主)의 정릉(正陵)입니다. 개혁군주 공민왕은 원 황실의 노국대장공주와 결혼하였는데, 공주는 그만 첫 아이를 낳다가 요절합니다. 왕비를 너무나 사랑했던 공민왕은 이때부터 나랏일을 돌보지 않고 온갖 정성을 들인 능을 조성하는 데 열중합니다. 능이 완성된 뒤로는 술과 여자에 빠져 살다가 결국 측근에게 살해당하고 맙니다. 그의 죽음과 함께 고려는 패망의

공민왕릉(현릉과 정릉)

길로 접어들게 됩니다.

현릉과 정릉은 당시 고려 사람들이 도달했던 수학, 천문지리, 석조술, 조형예술이 종합적으로 집대성된 걸작으로 꼽힙니다.

공민왕과 노국대장 공주의 영혼이 서로 드나들 수 있도록 두 능의 석실 사이에는 자그마한 통로를 만들어 놓았는데, 이는 죽어서도 부인과 함께 있고 싶었던 공민왕의 뜻이 아니었을까요?

고려시대의 왕릉은 고구려와 신라 능묘의 전통을 계승한 석실묘입니다. 고려왕릉의 벽화에는 사신, 인물 풍속, 12지신 등이 그려져 있는데, 이것은 고구려 묘제의 영향으로 볼 수 있고, 봉분 주변 조성 형식은 신라의 영향을 받았다고 합니다. 고려 능묘의 독특한 점은 망주석, 장명등, 정자각 등 새로운 조형물을 갖춘 점을 꼽을 수 있는데, 이러한 요소들은 조선시대 왕릉에도 계승됩니다.

정몽주의 넋이 어린 선죽교와 표충비 · 숭양서원

개성에는 고려 말 충성과 절개의 상징인 정몽주(鄭夢週, 1337~1392)와 관련된 유적이 남아있습니다. 정몽주의 핏자국이 남아 있다는 선죽교(善竹橋)와 그의 충절을 기념하기 위해 건립한 표충비(表忠碑), 그리고 정몽주의 집터에 세운 숭양서원(崧陽書院)이 그것입니다.

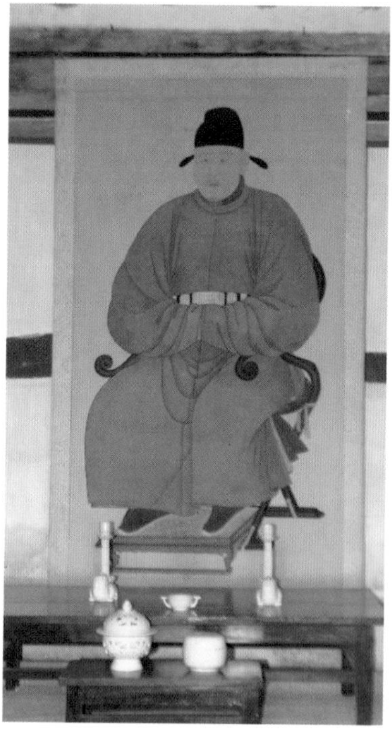
숭양서원에 배향된 정몽주 영정

정몽주는 이성계(조선 태조), 정도전과 함께 기울어가던 고려를 바로잡으려 한 인물입니다. 하지만, 이들은 서로의 뜻이 달랐습니다. 이성계와 정도전이 고려를 무너뜨리고 새 나라를 세우기 위해 혁명파로 나서자, 정몽주는 마지막까지 개혁파로 남아 쓰러져가는 고려왕조를 지키려고 노력했답니다. 이러한 갈등이 얼마 지나지 않아 정몽주는 이성계의 아들 이방원(조선 태종) 일파에게 선죽교에서 철퇴를

개성 선죽교

선죽교 위 정몽주의 핏자국

숭양서원 전경(국립중앙박물관)

맞아 암살당하고 말지요. 정몽주의 죽음 이후 고려는 멸망하고 새로운 왕조 조선이 탄생하게 됩니다. 선죽교(善竹橋)는 정몽주가 피살된 뒤, 다리 옆에서 절개의 상징인 참대(대나무)가 자라났다는 일화에서 이름 붙여진 것입니다. 정몽주가 암살당할 때 흘린 피가 다리를 물들였는데, 지금도 남아 있는 붉은 얼룩이 바로 그 핏자국이라는 이야기가 전해집니다. 선죽교는 북한 국보 문화유물 제159호로 지정되어 보호받고 있습니다.

선죽교 맞은편에는 조선의 영조(1740년)와 고종(1872년)이 정몽주의 충절을 기리기 위하여 세운 비석 2기가 남아 있습니다. 정교하게 만든 귀부(龜趺, 거북 모양의 비석 받침돌)가 오석(烏石, 검은 돌)으로 만든 비석을 받치고 있습니다. 조선시대 석조기술을 보여주는 대표적인 문화유산입니다.

숭양서원(1573년)은 개성 지역 유학자들이 정몽주(鄭夢周)와 서경덕(徐敬德)을 추모하고 후학들을 양성하기 위해 세운 서원입니다. 정몽주는 조선 건국에 끝까지 반대하다가 죽임을 당하였으나, 역설적이게도 조선시대 충신의 상징으로 부활합니다. 정몽주의 죽음을 안타까워했던 백성들의 마음을 달래기 위해서였겠지요.

고려를 향한 정몽주의 충절은 이방원과 나눈 시 속에서 고스란히

표충비

느낄 수 있습니다.

> 이 몸이 죽고, 또 죽어, 백번을 다시 죽어서
> 백골은 썩어 없어지고, 영혼이 있든지 없든지 하여도
> 임금을 향한 한 조각 붉은 마음이 어찌 변할 수 있겠는가

새로운 유교국가의 서막 - 개성 성균관

개성 성균관은 992년 창건된 고려시대 최고의 국립교육기관이지요. 개성시 방직동에 있으며 북한 국보 문화유물 제127호입니다. 성균관이란 명칭은 1310년 충선왕 때 붙여졌는데, '성균'이란 말은 '사람을 성숙시키고, 풍속을 바르게 한다'는 뜻이라고 합니다. 원래의 건물은 1592년 임진왜란 때 불에 타버렸고, 지금의 건물은 1602년 선조 때 다시 지은 것이라고 합니다.

개성 성균관에는 강당인 명륜당과 공자의 제사를 지내던 대성전을 비롯해 10여 채의 부속건물이 있고, 공자와 학문정진을 상징하는 은행나무(수령 약500년, 북한 천연기념물 제386호)가 남아 있습니다. 전체 건물은 유교철학에 따라 단순하고 소박하게 지어졌습니다.

삼국시대부터 고려시대까지 불교는 국가의 통치이념으로서 사회 · 정치 · 문화 전반에 큰 영향을 미쳤습니다. 그러나 고려 말의 불교는 왕실과 결탁하여 전횡을 일삼는가 하면, 부패와 타락으로 수많은 백성에게 피해를 입혔습니다. 이에 유교철학(성리학)으로 정신무장한 신진관료들은 성균관 출신을 중심으로 사회개혁에 앞장서게

됩니다. 정몽주 역시 개성 성균관 출신으로 1375년에는 성균관 대사성에 올라 유학을 크게 중흥 시켰습니다. 이러한 개혁의 흐름 속에서 고려왕실과 불교는 점차 힘을 잃어 갔고, 결국 고려는 신진사대부를 중심으로 한 유교국가 조선에 자리를 내어주게 됩니다.

조선이 건국되자 수도를 한양으로 옮기게 되었고, 성균관(1398년)도 한양에 다시 짓게 되었습니다. 개성의 성균관은 향교로 한 등급 낮아졌지만, 명칭만은 그대로 사용할 수 있었습니다. 이러한 이유에서 현재 서울과 개성에 같은 이름의 성균관이 남아 있게 것이지요.

오늘날 서울의 성균관은 사립대학인 '성균관대학교'로, 개성 성균관은 북한의 종합대학인 '고려 성균관'으로 그 전통을 잇고 있습니다. 이러한 인연으로 두 대학교는 1998년 자매결연을 맺었다고 합니

개성 성균관 전경(『조선고적도보』)

개성 역사박물관

다. 1,000년 넘게 이어온 인연인 것입니다.

북한은 1998년부터 개성 성균관 일부를 개조하여 1만여 점의 유물을 소장한 '개성고려역사박물관'으로 사용해 왔는데, 국제기념물유적협회(ICMOS, 유네스코 세계유산 등재를 위한 산하 기구)의 권고에 따라 2015년까지 새로운 박물관을 건설해서 유물을 이전하고, 성균관은 본래의 모습으로 복원하기로 했다고 합니다.

참고문헌

고려사(高麗史)

고려도경(高麗圖經)

송도(松都)의 고적(古蹟), 고유섭, 열화당, 1977

한국과학기술사(韓國科學技術史), 전상운, 정음사, 1976

개성의 문화유적, 국립문화재연구소, 2013

문화유산채널, www.k-heritage.tv

조선의 정신을 담다

종묘

정명식 (문화재청)

종묘는 조선의 상징이자 신성한 곳

600백여 년 전, 새로운 나라 조선을 건국한 태조 이성계는 도읍으로 정한 한양(서울)에 가장 먼저 무슨 건물을 지었을까요? 그것은

종묘와 사직단이었습니다. 이 두 곳은 단순히 건축물이 아니라 왕조의 상징이었습니다. 《주례周禮》(고대 중국 주나라의 관제를 기록한 책)에도 도읍의 중앙에 궁궐을 설치하고 동쪽에 종묘, 서쪽에 사직을 설치한다고 규정되어 있습니다. 일명 '좌종묘 우사직'(左廟右社)의 원칙입니다. 조선은 1394년 10월에 공사를 시작하여 다음 해 9월에 완성했는데, 경복궁을 중심으로 동쪽에 종묘를, 서쪽에 사직단을 지었지요.

종묘는 조선의 역대 왕과 왕비의 신위를 모시고 제례를 올리는 신전입니다. 그래서 종묘를 '조선 왕조의 뿌리'라고 표현하지요. 종묘가 완성되자 태조 이성계는 자신의 고조부(목조) · 증조부(익조) · 조부(도조) · 아버지(환조)와 그 부인들의 신주(죽은 사람의 위패)를 모셨습니다. 유교에서는 사람이 죽으면 영혼과 육체로 나뉘어 영

종묘

주변이 네모난 것은 대지(방지)을 표현한 것이고 가운데 둥근 섬(원도)은 하늘을 나타내는 중연지. '방지원도'라고도 한다.

먼저 돌아가신 선왕과 나라를 생각하는 곳. 망묘루

고려 31대 공민왕과 왕비의 영정을 모신 공민왕 신당

정전 동남쪽에 위치한 재궁은 왕과 세자가 제례를 준비하던 곳이다. 이곳에서 몸과 마음을 청결하게 한 왕과 세자는 깨끗이 옷을 갖춰 입고 재궁 서협문과 정전 동문을 지나 제례 의식을 올렸다.

왕이 머물렀던 어재실

세자를 위한 세자재실

왕이 몸을 청결히 했던 어목욕청

제사에 쓰이던 음식을 준비하는 곳, 전사청

제례용품을 보관하고 제관들이 준비하는 장소 향대청.

가뭄에도 마르지 않는 제사에 쓰이는 우물. 제정

혼은 하늘로 올라가고 육체는 땅으로 돌아간다고 믿었습니다. 그래서 죽은 사람의 영혼을 위해 육체를 대신할 상징물을 만들어서 보관했는데, 그것이 신주입니다.

왕들은 해마다 종묘에서 정성을 다해 제례를 행하였습니다. 그것이 '종묘제례'입니다. 왕이 몸소 정성을 다해 조상들을 모시는 것은 나라를 다스리는 근본 사상인 유교를 몸소 실천하는 일이었습니다. 그래서 선왕의 신주를 모시고 제사 지내는 종묘는 가장 중요한 국가시설이자 신성한 장소였습니다. 조선의 정신이 담긴 곳이라 할 수 있지요. 종묘는 임진왜란 이후로 원형이 보존되고 있으며, 세계적으로 매우 독특한 건축양식을 지닌 의례공간입니다.

종묘를 구성하는 두 건물, 정전과 영녕전

종묘에서 가장 중요한 건물은 정전과 영녕전입니다. 정전은 조상들의 신주를 모신 건물이에요. 조선은 여러 번의 외침을 당했는데, 그때마다 많은 건축물들이 소실되거나 훼손되었어요. 종묘의 정전 역시 마찬가지였습니다. 정전은 처음 7칸으로 지어졌는데, 1546년

제사 지내는 시간은 원래 새벽 1시

오늘날에는 제사를 저녁 9시나 10쯤으로 시간을 당겨서 지낸다. 그런데 조선시대에는 '축시'(새벽 1시)에 제례를 모셨다. 제사를 준비하며 대기 하는 것이 무척 힘들었을 것이다. 그래서 종묘에는 임금을 위해 재궁 어숙사(왕의 숙소)가 있다.

에 11칸으로 증축되었다가 1592년 임진왜란으로 소실되었습니다. 전쟁이 끝난 직후 1608년에 정전을 11칸으로 다시 지었고 1726년에 15칸으로 증축했습니다. 1836년에 다시금 19칸으로 증축했고, 역대 왕과 왕비 49분의 신주를 모셨습니다.

해가 갈수록 사망한 왕들이 많아지면서 정전에 모셔야 할 신주가 늘어났습니다. 그러자 조선왕실은 사망한 지 오래된 신주를 다른 건물에 따로 모셨습니다. 그 건물이 바로 영녕전입니다. 영녕전은 세종 3년(1421년)에 지었는데, 규모는 6칸이었습니다. 정전과 마찬가지로 영녕전도 임진왜란 때 불에 타 사라졌고, 1608년에 10칸, 1667년 12칸, 1836년에 16칸으로 증축되었습니다.

왕실의 사당답게 근엄하고 우아한 회랑을 갖추고 역대 왕과 왕비들의 위패를 모신 곳, 정전

정전에 있던 왕들의 신주를 일정 기간(5대조가 되면)이 지난 뒤에 영녕전으로 옮겨서 모셨다. 한글을 창제한 세종대왕처럼 공이 많으신 분은 5대조가 지나도 정전에 계속 모셨다.

그런데 증축된 정전을 보면 특이한 점이 있습니다. 건물을 오른쪽으로만 계속 증축했거든요. 왜 그랬을까요?

신위(신주)를 모신 태실을 기준으로 했을 때, 정전은 태조 연간에 7칸에서 4칸씩 3번 확장해 19칸이 되었습니다. 정전 내부에서 제1대 왕(태조)의 신위는 가장 서쪽 칸에 모셨고, 후세의 왕들의 신주를 동쪽에 연이어서 모십니다. 서쪽을 가장 높은 위계(자리)로 여기는, 이른바 '서상(西上)'의 원리를 따른 것이지요. 서쪽에 모신 가장 높은 신위(신주)는 옮길 수가 없었던 것입니다. 그렇게 되자 정전의 증축은 동쪽으로만 진행할 수밖에 없었던 것이지요. 영녕전은 동서 익실 양옆으로 2칸씩 증측하며 익실이 총6칸씩(영녕전 현재 16칸) 증측을 했습니다.

영녕전 역시 서상의 원리를 따르고 있지만 중앙칸의 지붕을 높여 이곳이 위계가 가장 높습니다.

그러면 종묘에 모신 신주는 모두 몇 위(개)일까요? 모두 35위입니다. 정전에 19위, 영녕전에 16위가 모셔져 있지요. 조선의 왕은 모두 27명인데, 왜 종묘에 모셔진 왕의 신주는 35위일까요? 그 까닭은 조선 왕 가운데는 돌아가신 뒤에 왕으로 높여 모셔진 '추존 왕'이 있기 때문입니다. 정조가 아버지 사도세자를 '장조'로 추존하여 종묘에 신주를 모셨고, 헌종이 아버지 효명세자를 '익종'으로 추존하여 종묘에 모셨는데, 그런 식으로 추종된 왕이 모두 아홉 명입니다. 반면에 왕이었지만 종묘에 들어가지 못한 왕도 있습니다. 왕위에서 쫓겨난 연산군과 광해군이 그런 왕이지요. 특이한 경우로, 조선의 마지막 황태자인 의민 황태자(영왕)는 왕이 아니었는데도 종묘에 안치되었습니다. 의미 황태자까지 포함해서 종묘에는 모두 35위의 신주가 모셔져 있습니다.

'이처럼 장엄한 공간은 세계 어디에서도 찾을 수 없다'

이 말은 캐나다 건축가 프랭크 게리가 한 말입니다. 종묘에서 왕과 왕비의 신주를 모시고 제사를 지내는 사당인 정전은 가장 장엄하고 신성한 건물 중 하나입니다. 신위가 늘어날 때마다 신실을 증

축되어 19칸인데, 단일 건물로는 세계에서 가장 긴 건물 중 하나이기도 합니다.

그런데 궁궐의 화려한 전각과 달리 종묘의 정전은 소박합니다. 왜 그럴까요? 조선의 정신적 가치인 유교는 조상에 대한 효(孝)와 조상 숭배(禮)를 중시했습니다. 그래서 단청도 없이 극도로 절제된 의장

거칠게 다듬은 박석이 빽빽이 깔려 있는 정전의 월대는 한국에서 가장 큽니다(109m x 69m). 박석 재료인 화강석은 강하고 거친 면이 특성이지만 한국 산하의 대부분을 차지하며 한국인에게 친근한 석재입니다. 한국의 대부분의 석조 문화재는 이 화강석으로 만들어 졌습니다.

3면을 전돌(벽돌) 벽으로 막아서 폐쇄성을 강조한 정전

검은 길은 신실까지 이어지는 선왕의 영혼이 다니는 '신로(神路)'

토속 신앙과 관련된 일곱신을 모신 칠사당

나라에 큰 공을 세운 신하들의 신주를 모신 공신당(功臣堂)

정문을 들어서면 북쪽을 향해 난 세 개의 길, 삼도(三道)와 만난다. 가운데는 선왕(先王)의 영혼이, 동쪽은 왕이, 서쪽은 세자가 걷는다. 삼대가 함께 걷는 효와 예의 길

으로 단정함과 엄숙함을 더한 것입니다.

정전은 정면에만 목조문과 창이 달려있고, 나머지 3면은 모두 두꺼운 전돌(벽돌) 벽으로 막아서 폐쇄성을 강조했습니다. 선왕의 영혼이 편안한 안식을 취할 수 있게 하려는 배려입니다. 한줄기 빛조차 없는 정전의 내부는 죽은 자의 공간이고, 눈부시게 밝은 종묘의 외부 공간은 산자의 공간이지요. 이렇게 종묘는 산 자와 죽은 자가 만나는 공간입니다.

500년 넘게 원형을 보존해온 종묘제례

종묘제례는 종묘에 모셔진 왕과 왕비의 신위를 모시는 제향예절

이자 국가의식입니다. 종묘 정전 앞에서 행해지며, 엄숙한 의례절차와 함께 의례음식과 제기, 기악, 노래, 춤으로 구성되어 있습니다. 1462년에 세종 때 법식이 정해진 뒤로 500년이 넘도록 보존되어 오

종묘제례. 죽은 사람을 모시는 곳은 완전한 어둠과 정적의 공간이다. 그 공간이 어둠과 정적을 벗고 산 사람들과 만나는 날은 제례일이다. 산 사람들에게는 빗장을 열어 두꺼운 판문을 열고 신의 공간에 접근하는 날이다.

종묘 제례악을 연주하는 악공들이 머물던 악공청

늘날까지 그대로 전하고 있습니다. 원형이 거의 그대로 보존되고 있다는 점에서 현재 세계에서 가장 오래된 종합적 의례문화로 볼 수 있습니다. 2001년 5월 18일 종묘제례악과 함께 유네스코 '인류구전 및 무형유산걸작'으로 선정되어 세계무형유산으로 지정되었습니다.

종묘제례는 1년에 몇 번 열렸을까요? 조선시대에는 정시제와 임시제로 나누어 봄, 여름, 가을, 겨울, 네 계절의 첫 번째 달인 1월, 4월, 7월, 10월에 지냈고, 나라에 좋은 일과 나쁜 일이 있을 때마다 임시제를 다시 지냈습니다. 지금은 매년 5월 첫 일요일에 한 번만 지냅니다. 제사를 지내는 예법이나 예절에 있어서 가장 모범이 되는 의식인 만큼 순서와 절차는 엄격하고 장엄하게 진행됩니다. 왕과 왕세자를 비롯해서 문무백관, 여러 제관과 무(춤꾼) · 악사 등 700여 명이 참가했지요.

종묘를 재밌게 관람하는 방법

1. 정전 건물이 오른쪽으로 여러 차례 증축되자 중앙에 있던 계단도 약간 이동되었습니다. 여섯 번째 칸 앞의 상월대 지대석에 약간 파인 홈이 보입니다. 정전이 11칸이었던 시기의 소맷돌 계단이 있던 자리입니다. 원계 계단이 놓였던 흔적을 찾아보세요.
2. 각 건물 지붕 끝의 기와를 보면 용문 · 봉황문 · 수자문 · 거미문 · 화문이 새겨져 있습니다. 조선시대 문양을 찾아보세요.
3. 종묘 외각 담장 석축에는 60갑자가 새겨져 있습니다. 1930년대 도시화가 되면서 담장 재정비를 하며 관리를 위해 일정한 거리마다 새겼습니다. '소화(昭和) 8년 3월 개축'과 60갑자를 찾아보세요.
4. 자연환경이 잘 보존된 종묘에는 너구리가 살고 있습니다. 종묘의 주인처럼 아침마다 관광객을 맞이하는 너구리와 인사를 나눠보세요.

[목수 정명식의 문화재 보수일기]

오래된 목조 건축물인 종묘의 보존 관리 상태는 매우 양호하다. 조선왕조가 끝나고 근대가 시작되었지만 '이왕가 보수단'이 궁궐과 종묘의 유지 관리를 해왔고 필자 역시 문화재청 직영 사업단 (구)이왕가 보수단 소속의 '대목수'이다. 세계유산인 종묘의 효율적인 관리와 보호를 위해 이곳의 수리와 보수는 해당 분야별 공인된 '문화재 수리 기능자'만이 수행한다.

창덕궁과 조선왕릉, 그리고 종묘는 필자의 일터이자 도서관이다. 매번 수리와 보수작업을 접할 때마다 옛 전통 기법과 재료를 사용해 세계유산의 진정성을 잃지 않도록 노력중이다.

참고문헌

조선의 궁궐과 종묘, 문화재청 저, 눌와, 2010

종묘제례악, 국립문화재연구소, 민속원, 2008

김봉렬의 한국건축 이야기, 김봉렬 저, 돌베개, 2006

종묘와 사직, 김동욱 저, 대원사, 2005

한옥이야기 '종묘', 정명식, 강서구 어린이도서관 신문, 2013.09.05

600년 역사가 살아 숨 쉰다

조선 왕릉

정명식 (문화재청)

'조선 왕릉은 조선시대 건축의 조화로운 총체'

조선 왕릉은 조선시대 왕과 왕비의 무덤입니다. 조선왕조의 독특한 장묘 문화를 보여주는 유적이며, 당대의 시대적 사상과 정치사, 예술관이 압축되어있습니다. 왕릉의 입지는 풍수지리의 원리에 입각하여 신중하게 선정하였습니다. '배산임수'지형을 택했는데, 왕릉의 뒤편을 산이 둘러싸고 있고, 앞(남쪽)에 물이 흐르는 지세를 가리키는 말입니다. 왕릉에는 무덤(봉분)만 있는 것이 아니라 의례를 위한 공간과 T자형의 목조 제실, 비각, 왕실 주방, 수호군의 집, 홍살문, 무덤지기인 보인(保人)의 집과 부속 건물도 딸려 있습니다. 조선 왕릉은 한반도 왕실 무덤 건축의 완성이라고 할 만큼 예술적 독창성이 뛰어납니다.

조선 왕릉은 전국 18개 지역에 흩어져 있고, 북한에 있는 2기의 왕릉 외에 남한에 40기가 있습니다. 2009년에 세계유산 등재기준

조선 21대왕 영조는 원비인 정성왕후가 먼저 승하하자 나중에 함께 묻히길 원했다. 그 옆에 우측을 비워두는 허석(虛石)의 제도를 쓰고 쌍릉을 배치해 놓았으나 〈영조〉 사후 손자인 정조가 이곳을 버려두고 동구릉 내 원릉에 영조의 능지를 정했다. 지금도 홍릉의 오른쪽은 빈 공간으로 남아있다. 정조의 할아버지 영조에 대한 애증의 표현이었을까?

(iii), (iv), (vi)항목을 충족시켜 세계유산에 등재되었는데, 다음과 같은 측면이 '탁월한 보편적 가치'를 지녔다고 평가받았습니다.

> 조선 왕릉을 둘러싼 자연환경은 풍수지리의 원리에 의해 정해졌고, 의례가 결합된 살아 있는 조상 숭배의 전통을 위해 세심하게 조성된 것이다. 세속적인 구역에서부터 경건한 구역으로 이어지는 위계적 배치, 독특한 전각 및 오브제로 이루어진 조선 왕릉은 조선왕조의 과거 역사를 상기시키는 조화로운 총체다.(유네스코 세계유산, 유네스코한국위원회)

이런 평가와 함께 조선 왕릉은 유산의 진정성과 완전성 측면에서도 높은 점수를 받았습니다. 완전성 평가에서는 '연속유산으로서 조선 왕릉 유적은 환경, 배치, 구성에 대해 완전하게 이해할 수 있게 해준다 … 도시 개발이 몇몇 유적의 경관에 영향을 미쳤지만(선릉 ·

헌릉 · 의릉) … 엄격한 법률로 완충지역 안의 개발을 제한하고 있다 … 시간이 흐를수록 유적을 구성하는 요소들은 수리, 복원, 중건되었다'는 말로 인정을 받았습니다. 진정선 평가에서는, '모든 유적이 본래의 기능과 경건함을 잘 유지해왔으며 … 전체적으로 진정성을 유지하고 있다'는 말로 인정을 받았습니다.

조선 왕릉은《산릉도감의궤》[1]라는 뛰어난 기록물과 함께 6백 년 동안 조상숭배의 전통을 간직한 살아 숨 쉬는 문화유산입니다.

조선 왕릉은 왜 수도권에 몰려 있을까?

조선 왕릉은 수도권에 분포되어 있습니다. 그 까닭은 왕릉을 궁궐에서 너무 멀면 왕들이 참배를 하러 가기가 어렵고, 도성을 오래 비울 수도 없었기 때문입니다. 그래서 비교적 가까운 곳에 왕릉을 조성했지요. 그렇다고 무턱 대고 가까운 곳을 선택할 수 없었습니다. 왕릉의 위치를 정하는 일은 왕과 왕실의 권위와 나라의 안정이 걸린 매우 중요하고 조심스러운 문제였기 때문입니다. 그래서 조선시대에는 왕이 사망하면 왕릉을 조성하는 일에 관한 전담 관청인 '산릉도감'을 설치하고 신중하게 왕릉의 위치를 정했습니다. 도읍인 한양에서의 거리, 그리고 주변 지역과의 거리, 도로와의 관계, 경계, 주변의 산세와의 조화를 고려해서 결정하였지요. 대개 한양에서 40킬로미터 이내에 정했는데, 강원도 영월의 장릉(단종), 경기도 여주의

1) 산릉도감의궤: 조선시대에 왕이나 왕비의 능을 조성하는 데 필요한 모든 의식 · 절차와 행사의 경위 및 전말 등을 기록한 책

영릉(세종-소헌왕후)과 녕릉(효종-인선왕후)은 왕릉으로는 드물게 40킬로미터를 훌쩍 넘긴 곳에 있습니다.

세종의 영릉은 한 차례 자리를 옮겼습니다. 그 까닭은 문종을 비롯해서 세종의 아들들이 줄줄이 비참한 죽음을 당하면서 좋지 않은 말이 떠돌았기 때문입니다. 문종은 즉위한 지 겨우 2년 만에 죽고, 단종은 숙부 수양대군(세조)에게 왕위를 빼앗긴 뒤 영월 땅에 유배되어 죽었지요. 안평대군을 비롯한 세종의 아들 여섯 명도 수양대군에 의해 죽음을 당했지요. 이렇게 골육상쟁이 끊이지 않자 그 원인이 세종의 묘를 잘못 쓴 데 있다는 말이 나왔습니다. 급기야 세종의 묘를 다른 장소로 옮겨야 한다는 말이 나왔지요. 세조 역시 병으로 몹시 고통스러워하다가 죽었습니다. 결국 예종 원년(1469)에 세종의 묘를 파묘했는데, 수의조차 썩지 않은 채로 물이 가득 차 있었다고 합니다. 풍수지리에 의하면 세종의 묘는 매우 좋지 못한 자리였다고 합니다. 그래서 지관으로 하여금 명당을 찾게 하여 묘를 옮겼던 것이지요. 그 명당이 바로 현재의 여주 영릉인데, 그 뒤로 세간에는 '영릉으로 천장해서 조선왕조가 100년은 더 연장되었다'는 말이 돌았

왕족의 무덤은 지위에 따라 호칭도 다르다

능(陵)은 '왕과 왕비, 추존된 왕과 왕비의 무덤'을 말하며, 원(園)은 '왕세자와 왕세자비, 왕의 사친(私親)의 무덤'을 가리키는 말이다. 대군 이하 왕족들의 무덤은 '묘'로 불린다. 연산군과 광해군의 무덤도 '묘'이다. 왜냐하면 두 사람은 왕위에서 쫓겨나 왕자의 신분으로 죽었기 때문이다.

습니다. 이를 영릉가백년설(英陵加百年說)이라고 합니다.

효종의 녕릉도 묘를 옮긴 경우입니다. 처음에는 경기도 구리의 건원릉 서쪽 산줄기에 장지를 마련했으나 1673년 경기도 여주로 옮겼지요. 옮긴 이유는 녕릉의 난간석과 병풍석의 틈새가 갈라지고 석회가 벗겨지면서 부실공사 논란이 일었기 때문입니다. 당시 현종과 신하들이 묘를 보수할 것인지 옮길 것인지 논의하다가 옮기는 것으로 결론을 냈지요.

태조와 신덕왕후는 왜 능이 떨어져 있을까?

조선 왕릉에는 재미있는 이야기도 숨겨져 있습니다. 경기도 구리시 동구릉에는 태조 이성계를 모신 건원릉이 있는데, 봉분에 이야기가 숨어있지요. 다른 왕릉의 봉분에는 잔디가 자라고 있는데, 건원릉의 봉분에는 억새가 흰머리처럼 길쭉길쭉 하게 자라 있습니다. 웬일일까요? 그건 태조의 유언 때문입니다. 태조는 죽기 전에 '함흥 땅에 묻어다오'하고 유언을 했습니다. 자신이 태어난 고향에 묻히고 싶었던 것인데, 그 말이 아들 태종에게는 큰 고민거리였지요. 건국 시조인 태조를 한양에서 수백 킬로미터나 떨어진 함흥에 모실 수는 없었기 때문입니다. 고심을 거듭한 태종은 한 가지 묘안을 떠올렸습니다. 함흥에 모시는 대신 함흥에서 흙과 억새를 실어 와서 동구릉에 모신 것입니다. 그때 건원릉 봉분에 심은 억새가 지금까지 자라고 있는 것이지요. 건원릉에서는 해마다 한식이 되면 봉분의 억새를 자르는 진풍경이 벌어집니다. 봉분을 보수하거나 잡풀 따위를 없애는 벌초 풍경이지요.

그런데 태조 이성계는 묻히고 싶었던 곳이 함흥 말고 따로 있었다고 합니다. 그곳은 자신의 두 번째 부인 신덕왕후의 옆자리였습니다. 그러나 태조는 태종이 자신의 뜻을 안 받아줄 거라는 사실을 훤히 알고 있었습니다. 왜냐하면 태종 이방원이 신덕왕후를 원수로 여겼기 때문입니다. 태조는 부인 곁에 묻히지 못할 바에야 차라리 함흥에 묻히고 싶다고 말했던 것인데, 태종은 그 말도 제대로 들어주지 않은 것이지요.

태조가 묻히고 싶었던 신덕왕후의 능, '정릉'은 오늘날 서울시 성북구 정릉동에 있습니다. 그런데 정릉이 원래 이곳에 있었던 것은 아닙니다. 태조가 승하하자 태종이 도성 안 정동에 있던 신덕왕후의 능을 파헤쳐 정릉동으로 옮겼지요. 그런 뒤에도 태종은 정릉을 홀대하고 훼손하기 시작했습니다.

서울 청계천의 광통교 밑에는 아름다운 무늬가 조각된 병풍석들이 있습니다. 원래 정릉의 능을 감싸고 있는 병풍석입니다. 왜 정릉의 병풍석이 광통교를 떠받치고 있을까요? 그것은 태종의 지시로 벌어진 일입니다.

본디 왕릉 주변에는 백성들이 집을 지을 수 없었지만, 태종은 정릉 주변에 집을 짓게 했고, 홍수로 청계천의 광통교가 무너지자 정릉의 병풍석을 옮겨서 다리를 고치게 했습니다. 백성들이 그 다리를 밟고 다니게 함으로써 이미 고인이 된 신덕왕후에게 모욕을 주었던 것이지요. 태종은 왜 신덕왕후를 미워했을까요? 그 계기는 왕자 시

능침 공간은 봉분이 있는 왕릉의 핵심 공간으로, 경사면이 완만한 언덕으로 이루어져 있다. 3면에 낮은 담장이 둘러져 있으며 주변에는 소나무가 둘러싸여 있다.봉분은 절대적으로 원형의 형태를 하고 있으며 잔디로 덮혀 있다.

절에 신덕왕후가 정도전과 손잡고 자신을 고립시키고 방석을 왕세자로 만들었기 때문입니다. 이방원은 계모(신덕왕후)의 아들이 왕세자가 되자 분노했습니다. 그래서 '왕자의 난'을 일으켜 신덕왕후의 두 아들 방석과 방번 형제를 죽였지요. 그 일로 신덕왕후는 화병이 나서 사망하였고, 왕위에 오른 태종은 신덕왕후를 후궁으로 격하시키고 무덤의 격도 '능'에서 '묘'로 떨어뜨렸습니다. 자연히 정릉은 주인 없는 무덤처럼 초라해졌지요. 그러다가 2백여 년이 지난 현종 때 신덕왕후는 다시 왕비로 복위되고, 무덤도 다시 왕후의 능으로 재건되었습니다.

조선 왕릉의 제례는 살아있는 문화재

유네스코에서는 조선 왕릉을 세계유산으로 선정하면서, 다음과 같은 평가를 했습니다.

> 기준 (iv) 조선왕릉은 건축의 조화로운 총체를 보여주는 탁월한 사례로, 한국과 동아시아 무덤 발전의 중요한 단계를 보여 준다. 왕릉은 특별한 (또한 규범화된) 건축물, 구조물 요소들의 배치를 보여 준다. 그리고 몇 세기에 걸친 전통을 표현하는 동시에 보강한다. 또한 미리 정해진 일련의 예식을 통한 제례의 생생한 실천을 보여 준다.(유네스코 세계유산, 유네스코한국위원회 번역 감수, 재인용)

조선 왕릉은 조선 초기부터 시대에 따라 조금씩 형식이 바뀌어왔습니다. 달라진 시대의 통치철학과 정치상황이 반영된 결과였지요. 예를 들면, 국가통치 이념인 유교와 그 예법을 바탕으로 공간의 크기도 바뀌었고, 문인과 무인 공간의 구분, 석물의 배치, 기타 시설물의 배치 등이 달라졌습니다. 조선시대 전체로 보면 왕릉은 다음과 같이 5단계로 변화 발전했습니다.

> 1단계 조선 초기. 고려의 원칙을 따랐으며 달라진 점은, 석물의 배치와 장명등이 팔각으로 변화를 보인다는 것이다.
>
> 2단계 조선의 원칙을 새로 만드는 시기. 『국조오례의(國朝五禮儀)』를 바탕으로 새로운 장례 체계를 세웠다.
>
> 3단계 풍수지리의 원리에 따라 능묘를 간소화한 시기. 칸막이가 난간으로, 회벽

이 석실로 바뀌었다.

4단계 실학의 등장과 함께 사실주의적 경향이 나타난 시기. 문인상을 무인상보다 더 높은 곳에 세웠던 방식이 중단되었고, 석물의 크기를 줄였다.

5단계 왕이 황제로 바뀐 시기. 석물의 종류를 늘이고 제향 공간인 침전 앞에 세웠다.

이와 같이 조선 왕릉은 시대에 따라 조금씩 석물의 형태와 크기에서 변화를 보였습니다. 그렇지만 조선 고유의 유형과 배치는 바뀌지 않았습니다.

건원릉을 비롯하여 왕릉에서는 해마다 제례가 행해지고 있습니다. 그 왕릉 제례는 전주이씨대동종약원에서 시행하고 있는데, 조선시대 이후로 600여 년 동안 이어온 것입니다. 1910년 조선이 멸망한 뒤에는 왕릉의 제례도 끊어질 위기에 놓였으나 전주이씨대동종약원(태조 이성계와 같은 시조와 성을 가진 후손들의 법인 조직)이 제례를 행하고 있지요. 전주이씨대동종약원은 왕릉의 제례 외에도 종묘대제와 사직대제 등 조선왕조의 유 · 무형의 전통문화를 계승하고 있습니다. 이러한 제례는 우리나라의 독특한 문화유산입니다.

사진으로 보는 조선 왕릉

조선 왕릉은 크게 네 개의 공간, 진입 공간 · 제향 공간 · 능침 공간으로 분류할 수 있습니다.

왕릉 입구에서 제사를 지내기 위해 준비하던 재실

△△ 왕의 혼령이 머무는 신성한 공간과 속세의 경계 역할을 하는 금천교. 정갈하게 몸과 마음을 가다듬고 금천교를 건너 성역인 능으로 들어간다.

△ 홍살문을 지나서 오른쪽에 보이는 납작한 석판은 판위라 불리는데, 제례의 시작과 끝에 들고 나며 절을 올리는 자리이다.

금천교를 지나면 신성한 장소를 상징하는 홍살문이 보인다.

홍살문 앞에 서면, 얇은 돌을 깔아 만든 참도가 정자각까지 이어져 있다. 왕의 혼령은 중앙의 큰 길로 살아있는 왕과 참배자는 그보다 낮고 좁은 길(어도)을 걷는다.

진입 공간 왕릉을 관리하던 능참봉이 능 제사와 관련된 모든 준비를 하면서 상주하던 곳입니다. 성역에 들어가기 전 속세의 공간이지요.

정자각에서 보면 왼쪽에 능을 지키는 사람(능지기)이 머물던 수복방이 있다. 제향 음식을 차리는 수라방은 오른쪽에 마주 서있다.

제사를 모시는 공간인 정자각

신도비(무덤 주인의 업적을 기록한 비)를 모신 비각

왕릉의 중심 건축물이며, 평면으로 본 건물 모양이 '정(丁)'자처럼 생겨서 정자각이라 부른다. 홍살문을 통해 선왕(죽은 왕)의 혼과 살아있는 왕이 걸어와서 동쪽 두 개의 계단을 통해 정자각에 들어갔다가, 제사가 끝나면 선왕은 능으로 돌아가고 왕은 서쪽 계단을 통해 내려온다.

40기의 왕릉과 13기의 원에서 1년에 총 53차례 제향을 지낸다.

호석(護石). 봉분을 형성한 흙과 사초(잔디)가 흘러내리지 않도록 막는 기능과 해충 침입을 막고 수호신 역할을 하는 석축의 일종이다. 열두 면 각각의 방위에 따라 12지신상이나 모란 등을 양각하였다. 줄임말로 병석(屛石)이라고도 한다.

제향 공간 참배자가 죽은 자를 만나는 공간입니다. 일반인들은 제사를 봉분 앞에서 지내지만, 왕릉의 제례는 이곳에서 행해집니다. 건물로는 제례를 올리는 정자각, 제향을 준비하는 수복방, 수라방 등이 있습니다.

능침 공간(성역) 정자각 뒤편은 선왕이 묻힌 능침 구역입니다. 능침은 왕이 살아 있을 때 생활했던 궁궐을 옮겨 놓은 것이나 다름없습니다. 봉분과 이를 지키는 수호석들이 서 있으며, 죽은 왕을 위한 공간이므로 성역으로 여겨 일반인의 출입을 금하고 있습니다.

왕릉에는 다양한 인물과 동물을 조각한 석물로 장식되어 있습니다. 왕을 지키는 수호신들 이지요. 특히 능침 공간의 문 · 무석인과 호석, 난간석의 조각양식에는 높은 예술성과 함께 시대의 생활상도 담겨 있습니다. 왕릉마다 문 · 무인인석의 옷 모양과 형식(복식)이

석양, 석호. 귀신이나 잡귀를 물리치는 벽사의 의미를 가진 수호신

다르고 석물의 크기가 점점 작아지면서 얼굴에 드러나는 표정도 제각각 다양해집니다. 조선시대의 흐름을 읽을 수 있는 독특한 문화유산입니다. 석물들의 표정에는 해학이 담겨 있습니다.

문·무석인. 왕을 섬기는 신하를 상징하며, 성종 5년(1474년)에 석상과 석인을 설치하는 규정을 법으로 정하였다.

혼유석. 음식을 올려놓는 곳이 아니라 영혼이 능침에서 나와 앉아서 쉬거나 놀도록 설치한 돌이다.

망주석은 먼 곳에서 능을 쉽게 알아보게 하기 위해 세운 표지이며, 왕의 영혼이 자신의 유택(능)을 알아보게 하는 표식 역할도 한다.

장명등. 묘역에 불을 밝혀 사악한 기운을 몰아내는 상징적 의미의 석등.

예감. 제향 후에 축문을 태워 묻는 네모난 형태의 석함(石函).

석마. 문 · 무 석상들의 교통수단을 상징한다.

곡장. 살기를 띤 바람이 봉분 안으로 들어오지 못하게 막기 위해 풍수적 의미로 설치한 담장.

조선 왕릉을 재미있게 감상하는 방법

1. 대부분의 왕릉은 보존을 위해 능침 공간의 관람을 엄격히 제한합니다. 하지만 구리시 동구릉의 목릉은 능침 공간에 들어갈 수 있고, 서초구의 헌릉과 인릉, 남양주 영릉과 녕릉은 관람대를 설치해 다가갈 수 있게 배려했습니다. 봉분과 다양한 수호석들을 자세히 볼 수 있습니다.
2. 정자각 정면에서 보면 오른쪽에는 신도와 어도 두 개의 계단이 있지만 왼쪽에는 어도만 있습니다. 제사가 끝나면 신(선왕)은 문을 통해 능으로 올라가고 왕은 왼쪽 계단을 통해 내려오지요. 왕과 제관이 된 기분으로 능의 입구에서부터 진입 동선을 따라 걸어 보세요.
3. 정자각 하나에 왕의 양 옆에 계비가 누워 계시거나 혹은 쌍릉으로 두분이 모셔져 있거나 정자각을 사이에 두고 조금 떨어져 있다. 또는 한 능

안에 합장이 되거나 전혀 다른곳에 모셔져 있기도 한다. 왕과 왕비는 두 개의 봉분에 따로 모셔져 있거나, 한 능 안에 합장되어 있거나, 조금 떨어져 있거나, 아예 다른 곳에 모셔져 있기도 하다. 왕과 왕비의 봉분 형식은 다음 왕에 의해 정해졌습니다. 봉분과 안내판을 보면 왕과 왕비의 생애와 조선의 역사를 읽을 수 있습니다.

왕릉 공사에 몇 명의 인부가 참가했을까?

왕릉을 조성하는 일은 왕실의 권위를 세우는 문제였고, 대개 왕과 왕비가 사망한 후 3개월에서 5개월 안에 마무리되어야 했다. 그러자면 공사에 많은 인부가 필요했다. 돌을 새기고 옮기는 일, 나무와 풀을 뽑고 흙을 다지는 일, 능의 부속 건물을 짓고 장식물을 만드는 일 등. 인조(仁祖) 때 기록을 보면 능을 만드는 데 연인원 27만 명이 동원되었다.(두산백과, '산릉도감' 참고)

참고 문헌

조선의 궁궐과 종묘, 문화재청 저, 눌와, 2010

조선왕릉 답사수첩, 문화재청 저, 미술문화, 2012

교과서에 나오는 유네스코 세계유산, 이형준 저, 시공주니어, 2011

문화재청 홈페이지 www.cha.go.kr

서오릉 홈페이지 http://goyang.cha.go.kr

동구릉 홈페이지 http://donggu.cha.go.kr/n_donggu/index.html

유네스코세계유산 http://www.unesco.or.kr/heritage

부처님의 가르침을 후세에 전하라

합천 해인사 장경판전

이현성 (A&A문화연구소)

한국 불교의 세 가지 보물 중 하나, 해인사

해인사는 통도사, 송광사와 더불어 우리나라의 '삼보사찰'로 불립니다. 그중에서도 '법보사찰'로 높은 위상을 자랑합니다. 삼보(三寶)란 불교에서 말하는 세 가지 보물로, 불보(佛寶) · 법보(法寶) · 승보(僧寶)를 가리킵니다. 불보는 우주의 진리를 스스로 깨달으신 부처님이고, 법보는 부처님의 가르침을 상징하는 법이며, 승보는 그 가르침을 전하는 스님입니다.

해인사는 그 삼보 중에서 부처님의 말씀을 상징하는 사찰이라 하여 '법보사찰'로 불립니다. 해인사가 법보사찰이 될 수 있었던 것은 바로 팔만대장경이 보관되어 있기 때문입니다. 삼보 중에 다른 두 가지 보물, 불보(부처님)와 승보(스님)를 상징하는 사찰이 궁금하실 텐데요, 불보사찰은 양산에 있는 통도사이고, 승보사찰은 순천에 있는 송광사입니다.

해인사 전경(조선고적도보)

통도사는 신라 선덕 여왕 때 지장 법사가 지은 절로, 절을 지으면서 부처님의 진신 사리(부처님의 몸에서 나온 사리)를 모셨기 때문에 '불보사찰'로 불리고 있으며, 송광사는 고려시대 조계종을 세운 보조 국사를 비롯해서 15명의 국사(國師)를 배출하였기 때문에 '승보 사찰'로 불리고 있습니다.

해인사는 언제 창건되었을까요? 『삼국사기』에 따르면 통일신라시대인 802년입니다. 애장왕 3년 8월조에, "가야산 해인사를 창건하였다"는 기록이 실려 있기 때문이지요. 해인사는 대표적인 화엄종 사찰이며, '해인'이라는 명칭은 『화엄경』에 보이는 '해인삼매'에서 유래하였습니다. '해인삼매'는 부처님이 『화엄경』을 설명하시면서 도달한 삼매의 경지입니다. 삼매란 마음을 하나의 대상에 집중하는 불교의 수행 방법인데, 삼라만상 모든 것이 도장 찍히듯 그대로 바다에 비쳐 보일만큼 평온한 상태를 말합니다. 연못도 강도 아닌 바다에 모든 존재가 그대로 비치는 지극히 맑고 고요한 상태라면 얼마나 평온할까요. 해인사를 방문하는 여러분 모두가 부처님의 가르침을 따라 그 평온을 경험하시길 바라는 마음으로 사찰의 이름을 지은 것이겠지요?

목판 보관을 위해 지은 세계 유일의 건축물

해인사에는 유네스코 등재 유산이 두 개나 있습니다. 고려대장경(팔만대장경) 및 제경판은 2007년에 세계기록유산으로 등재되었고, 그보다 먼저 1995년에 장경판전이 세계유산으로 등재되었습니다. 장경판전의 세계유산 공식 명칭은 "고려대장경 목판을 보

해인사 대적광전

관한 해인사 장경판고(Haeinsa Temple Janggyeong Panjeon, the Depositories for the Tripitaka Koreana Woodblocks)"입니다. 세계유산 등재기준 가운데 (iv), (vi)항목에서, '인류 역사에 있어 중요 단계를 예증하는 건물, 건축이나 기술의 총체, 경관 유형의 대표적 사례일 것'이라는 기준과 '사건이나 실존하는 전통, 사상이나 신조, 보편적 중요성이 탁월한 예술 및 문학작품과 직접 또는 가시적으로 연관될 것'이라는 기준에 합당하다는 평가를 받았습니다.

팔만대장경이 만들어진 것은 고려시대 몽고 침입기인데, 장경판전은 조선 전기인 1488년 완성되었습니다. 장경판전은 대장경 목판 보관을 목적으로 지어진 세계에서 유일한 건축물입니다. 또한 해인사에 남아 있는 건물 중 가장 오래된 건물이기도 합니다. 해인사는 통일신라 시대에 창건된 이후로 여러 차례 화재를 당했고, 특히 조선 후기에는 큰 불로 많은 건물이 잿더미로 변했지요. 그런데 놀랍게도 장경판전만은 유일하게 창건 당시의 모습을 그대로 보존하고 있습니다. 팔만대장경을 보호하기 위해 다른 건물과 일정한

정중삼층석탑

해인사 장경판전의 과거와 오늘

거리를 두고 배치한 덕택입니다. 주변건물보다 훨씬 높은 곳에 짓고 사방에 담장을 설치해서, 처음 지을 때부터 화재 피해를 고려한 것입니다. 팔만대장경이 지금까지 보존될 수 있었던 것은 장경판전이 있었기 때문입니다.

현재 장경판전은 총 4채의 건물로 이루어져 있습니다. 초기에는 팔만대장경을 봉안하고 있는 북쪽의 법보전(法寶殿)과 남쪽의 수다라장(修多羅藏) 두 채만 있었으나 나중에 사간판(개인이 비용을 부담해서 만든 경판)을 보관하는 동사간판전과 서사간판전이 추가되어 현재의 네모 모양의 장경판전이 되었습니다.

법보전과 수다라장전은 모두 높지 않은 기단 위에 덤벙 초석(자연석 기둥받침)을 마련하고 기둥을 세운 건물입니다.

장경판전 전경

서사간판전

선조들의 지혜의 결정체 : 장경판전의 살창과 바닥

장경판전은 비로자나 부처님을 모셔놓은 대적광전이나 대비로전처럼 화려한 단청이 없어 평범한 모습입니다. 이러한 간결함은 팔만대장경을 봉안하고 있는 법보전과 수다라장 도 마찬가지입니다. 두 건물 역시 목조건물에 회벽으로 된 평범한 건물이지요. 하지만 그 평범함 속에 오늘날까지 팔만대장경을 완벽에 가깝게 보관할 수 있었던 선조들의 지혜가 숨겨져 있습니다.

지혜가 숨겨져 있는 부분은 나무 창살이 달린 여러 개의 살창입니다. 이 살창은 효과적으로 목판을 보관하기 위한 독창적인 통기방식

장경판전 내부에 보관되어 있는 팔만대장경

을 보여줍니다. 남쪽에 있는 창은 아래쪽이 크고 위쪽이 작은 반면 북쪽에 있는 창은 아래쪽이 작고 위쪽이 큽니다. 해가 뜨면 고온 건조한 바람이 남쪽의 아래쪽 큰 창으로 들어와 북쪽의 위쪽 큰 창으로 빠져나가도록 설계한 것입니다. 따뜻하고 건조한 바람이 실내의 습기를 흡수해서 밖으로 빠져나가기 때문에 목재인 대장경판이 원형 상태를 유지할 수 있지요. 건물 안에 있는 판가(경판을 보관하기 위한 틀) 역시 자연통풍으로 온도와 습도가 균일하게 유지되도록 배열되어 있습니다. 처마의 길이는 햇볕이 직접 장경판에 닿지 않도록 설계되어 최적의 보존환경을 만들어주고 있습니다.

장경판전 바닥에도 선조들의 지혜가 곳곳에 숨어있습니다. 장경판전을 지을 때 바닥을 깊게 파고 숯과 소금, 횟가루를 모래, 찰흙과 반죽하여 설치하였습니다. 습기 흡수 효과가 큰 숯과 소금, 횟가루가 장마철에는 습기를 빨아들이고, 건조할 때 다시 내놓으면서 실내의 습도를 일정하게 유지해주지요.

장경판전이 장경판을 600여 년 동안 완벽하게 봉안하고 있는 것을 보면 우리 선조들의 과학기술이 위대해 보입니다. 그런 면에서 장경판전은 매우 의미 있는 건축물이고, 세계유산으로서의 가치를 스스로 입증하고 있습니다.

해인사의 흥미진진 포인트

팔만대장경은 정말 경판이 8만 장일까?

우리는 고려 대장도감판 대장경을 흔히 팔만대장경이라고 부릅니다. 그렇게 부르게 된 데에는 두 가지 재미있는 이유가 있습니다. 첫째는 보통 인도 사람들이 엄청나게 많은 수를 표현할 때 '팔만 사천'이라고 말하는데 거기에서 유래되어 팔만대장경이라고 부릅니다. 일일이 세기도 어려울 만큼 많다는 뜻에서 그렇게 부르는 것입니다. 다른 하나는 인간에게는 팔만사천 번뇌가 있는데, 그 번뇌를 다스릴 수 있는 부처님의 가르침 역시 팔만 사천 가지의 법문이라고 합니다. 그 법문을 모두 새긴 것이 대장경이므로 팔만대장경이라고 부른다는 것입니다. 그런데 재미있는 것은 실제 경판의 양도 81,340매로 위 두 가지의 유래와 다르지 않아 팔만대장경이라고 부르게 되었습니다.

나라를 지킨 해인사의 스님

불교는 나라가 어려움에 처할 때마다 사람들의 마음을 하나로 모으는 역할을 했습니다. 고려시대에는 거란과 몽고군이 쳐들어 왔을 때 대장경을 제작하여 뜨거운 불심으로 위기를 극복하고자 하였고, 임진왜란과 일제 강점기 등 나라에 어려움이 닥칠 때에도 불교는 나라와 백성을 구하기 위해 앞장섰습니다.

사명대사는 임진왜란 때 승려들을 이끌고 여러 전투에 참가하였고, 1604년에는 선조의 친서를 가지고 일본으로 건너가 도쿠가와 이에야스(德川家康)와의 담판으로 조선인 포로 3500명을 데리고 돌아오기도 하였습니다. 나라에서는 사명대사의 공을 인정하여 해인사 서쪽에 홍제암을 하사했는데, 현재 홍제암에 있는 사명대사의 부도는 보물로 지정되었습니다.

위아래 크기가 다른 살창

해인사 내의 용탑선원은 3 · 1운동 당시 민족 대표로 활동했던 백용성 스님이 생활하던 곳입니다. 백용성 스님은 민족대표로 활동하며 국민들을 계몽시키는 많은 책을 쓰셨고, 불교를 전파하기 위해 불경을 한글로 번역하는 작업도 하였습니다. 그리고 조선 총독 사이토 마코토(齊藤實)에게 일본의 식민지 종교 정책을 비난하는 건백서를 두 차례나 보냈습니다. 그리고 불교인을 향해서는 절도 경제적으로 자립하는 것이 필요하다며 수행과 농사를 병행해야 한다고 주장한 실천적인 승려였습니다.

참고문헌

해인사, 이재창 · 장경호 · 장충식, 대원사, 2006

우리나라의 세계유산1, 송명석 · 박재호 · 김은주, 반석출판사, 2012

유네스코 지정 한국의 세계유산, 국립제주박물관, 서경, 2007

해인사 장경판전 실측조사보고서, (주)옛터 건축사 사무소, 문화재청, 2002

해인사 홈페이지 http://www.haeinsa.or.kr/home.html

가장 아름다운 조선의 궁궐

창덕궁

이지은 (서울대학교)

조선의 실질적 법궁, 창덕궁

조선 제3대 임금 태종은 1405년 법궁(法宮, 왕이 공식적으로 거처하는 궁궐)인 경복궁 외에 새 궁궐로 창덕궁을 완공했습니다. 임진왜란 당시 불에 타 소실된 경복궁을 대신하여 조선왕실의 실질적

창덕궁 인정전

동궐 외에 북궐, 서궐, 남궐도 있었나요?

경복궁 · 창덕궁 · 창경궁 · 경희궁 · 덕수궁은 조선의 대표적 궁궐이며, '대궁궐'로 불립니다. 이 궁궐들은 시대에 따라 동궐, 서궐, 북궐로 불렸습니다. 법궁인 경복궁이 북궐로 불렸고, 경복궁을 중심으로 동쪽에 위치한 창덕궁과 창경궁이 동궐로 불렸고, 사직단 근처에 있는 경희궁이 서궐로 불렸습니다. 하지만 '남궐'로 불린 궁궐은 존재하지 않았습니다.

인 법궁이 되었습니다. 1867년 대원군에 의해 경복궁이 재건되어 왕실이 모두 경복궁으로 옮겨갔지만, 이후 대한제국의 마지막 황제인 순종이 다시 창덕궁으로 돌아와 법궁로서의 위상을 보여줬습니다.

창덕궁은 창경궁과 더불어 '동궐'로 불렸습니다. 경복궁의 동쪽에 위치한다고 해서 그렇게 불렸는데, 일제강점기에 3분의 2 이상이 훼손되었고, 창경궁의 경우 유원지가 된 적도 있었습니다.

건물 배치의 원칙을 살짝 어긴 자유로움

창덕궁 건물의 배치에서 다른 궁들과 많은 차이를 보이는 점입니다. 일반적인 궁궐의 형태는 북쪽에서 남쪽을 바라보며 중요 건물들을 일직선으로 배치합니다. 건물의 배치에서 나타나는 공간의 힘으로 왕과 왕실에 대한 권위를 나타냈던 것입니다. 실제로 이런 형태를 가장 잘 보여주는 경복궁을 걸어 다녀보면 공간이 주는 위엄을 실제로 확인할 수 있습니다.

그런데 창덕궁은 일직선상의 건물 배치 형태에서 벗어나 건물들

인정전 남쪽 구릉

이 비교적 자유롭게 배치되어 있습니다. 예를 들어 창덕궁의 대문인 돈화문에서 정전인 인정전을 걸어갈 경우, 광화문에서 경복궁 근정전을 가는 방식과 전혀 다릅니다. 경복궁에서는 북쪽 방향으로 일직선으로 걸어가지만, 창덕궁에서는 오른쪽, 왼쪽으로 두 번이나 꺾어 걸어가야 합니다. 왜 그렇게 길을 냈을까요? 그 까닭은 인정전의 정남쪽에 낮은 구릉이 있기 때문입니다. 그 구릉을 깎아 돈화문을 짓는 대신 구릉을 놔둔 채 서쪽에 돈화문을 배치한 것입니다.

창덕궁은 응봉 밑으로 인정전을 배치하고 지형에 따라 적절하게 나머지 건물들을 배치한 셈인데, 여기에 '자연을 거스르지 않으려는' 노력이 숨겨져 있습니다. 이러한 모습은 창덕궁의 가장 큰 매력적인 장소 중 하나인 후원에서도 나타납니다. 기존의 자연 지형은 그대로 살리면서 그 안에 건물들을 배치했습니다. 그래서 창덕궁은 자연 속에 인공 구조물이 서로 잘 어울려서 조선시대 최고의 건축물 가운데 하나로 평가되고 있습니다.

창덕궁에는 처음 지어진 15세기부터 20세기 초까지 다양한 시대의 건축양식을 보여주는 건축물들이 있습니다. 돈화문 근처 금천교는 창덕궁이 지어진 1411년 처음 세워졌을 당시의 돌다리 모습을 그대로 간직하고 있습니다.

1609년에 중수(낡고 오래된 건물을 고침)된 돈화문과 1647년에 중수된 선정전은 17세기 건축양식을 보여줍니다. 선정전은 유일하게 청기와를 얹은 궁궐 건물로, 멀리서 봐도 눈에 확 들어옵니다. 희정당은 1920년년 경복궁의 강녕전을 헐어서 지은 건물로 서양식 의자와 책상을 들여놓고 응접실로 사용했습니다. 건물 앞은 자동차가 들어설 수 있도록 현대식 현관으로 꾸며져 있습니다.

후원의 부용지와 주합루

대한제국 황실의 마지막을 지키며

20세기 초에 창덕궁에는 현대적 시설인 난방 라디에이터, 부엌 시설, 욕실설비들이 설치되었습니다. 대한제국 황제인 고종과 황실 가족을 위한 것이었습니다.

고종황제에 이어 대한제국의 황제로 등극한 순종황제는 1907년 11월 13일 머물고 있던 경운궁(현재 덕수궁)을 떠나 창덕궁으로 이어(생활하는 궁궐을 옮김) 했습니다. 그 뒤로 대조전에서 마지막 숨을 거두었지요. 창덕궁은 대한제국의 마지막을 함께 한 궁이 되었습니다.

그 뒤로 일제강점기에서 대한민국 수립 이후까지 창덕궁에는 대한제국 황실 가족이 살고 있었습니다. 창덕궁 동쪽에 있는 낙선재,

반월 형태의 특이한 지붕을 가지고 있는 존덕정

창덕궁이 처음 건설된 15세기 돌다리 모습을 알 수 있는 금천교

석복헌, 수강재에 마지막 황태자인 영친왕(1963~1970년 거주)과 영친왕비(1963~1989년 거주), 덕혜옹주(1962~1989년 거주)가 살았습니다.

동아시아의 궁궐 건축을 대표할 만한 궁궐

창덕궁은 조선시대 궁궐 건축의 발전에 지대한 영향을 주었고, 풍수지리와 유교사상에 입각한 건물 배치와 정원 조경 형태를 보여준 점이 높이 평가되어 1997년 유네스코 세계유산에 등재되었습니다. 약 500년에 걸쳐 수많은 화재, 중수, 보수를 거쳤지만, 원형에 가깝게 복원되었고, 그 과정에서 자연스럽게 한국의 전통건축이 발전하는 모습을 보여주는 점, 그리고 자연 지형을 충분히 살리면서 인공

차량이 통과할 수 있는 희정당 현관

다양한 형태의 창을 보여주는 희정당

희정당 내부

인정전 천장의 조명시설

낙선재

후원 연경당 앞 석물 받침조각

대조전

의 건축물을 배치한 동아시아의 궁궐이라는 점, 정원 건축의 높은 수준을 세계적으로 인정받았습니다.

19세기 건축도면인 동궐도

'동궐도'는 순조의 아들 효명세자에 의해 제작되었다고 추측하는, 궁궐 그림입니다. 1820~30년대 동궐의 모습을 하늘에서 내려다보는 방식으로 그려졌습니다. 접혀진 16권의 책자를 펼치면 가로 5.76m 세로 2.73m의 거대한 그림이 됩니다. 19세기 창덕궁과 창경궁의 건축물의 모습과 배치를 알 수 있는 귀한 그림이지요.

창덕궁을 재미있게 보는 방법

1. 우리나라에서 가장 오래된 궁궐 건물이 창덕궁에 있습니다. 바로 정문인 돈화문이지요. 400년 동안 굳건히 창덕궁을 지키고 있는 늠름한 모습을 보실 수 있습니다.
2. 동궐도는 창덕궁 내 박물관에서 구입할 수 있습니다. 옛 지도를 가지고 창덕궁의 건물들을 찾아보세요.
3. 창덕궁 달빛기행은 밤의 창덕궁을 느낄 수 있는 좋은 기회입니다. 예약하는 것이 쉽지 않지만 충분히 가치가 있습니다.

참고문헌

조선의 집 동궐에 들다, 한영우, 열화당, 2008

창덕궁 깊이 읽기, 김동욱 외, 글항아리, 2012

우리 궁궐 이야기, 홍순민, 청년사, 1999

조선의 임시수도이자 성곽발달사의 보고

남한산성

조두원 (남한산성세계유산센터)

하늘이 만든 성, 남한산성

경기도 광주시 산성리 일원에 위치한 남한산성은 조선시대의 대표적 산성이자 임시수도로 계획 되었습니다. 한양도성으로부터 남동쪽으로 약 25km 정도 떨어진 산악지형에 자리하고 있습니다. 해발 480미터가 넘는 산꼭대기에 구축한 성인데도 성 안에 물이 풍부하고 수십 만 명이 살기에도 넉넉한 평지를 갖추고 있습니다. 천혜의 요새가 따로 없지요. 그런 여건 덕분에 한 번도 함락된 적이 없는 남한산성을 사람들은 '천작지성(天作之城), 하늘이 만든 성'이라고 불렀습니다.

통일신라 초기(672년)에 이 자리에 주장성이 있었다는 기록이 《삼국사기》에 실려 있습니다. 문무왕 12년 8월에 '한산주에 주장성을 쌓았는데, 둘레가 4,300보이다'라는 기록이 바로 현재의 남한산성의 본성이라 할 수 있습니다. 주장성은 삼국통일 직후 신라와 당나라가 싸울 때, 한강유역을 방어하는 최후의 보루였다고 합니다.

실제로 남한산성 행궁지 발굴조사에서 통일신라시대의 건물터가 발견되었고, 무게 20킬로그램에 이르는 초대형 기와가 발견되었습니다. 그 기와를 얹었던 대형 건물은 무기와 식량을 보관하기 위한 군수창고였던 것으로 추정됩니다.

주장성은 삼국통일 직후 문무왕이 당나라에 대항하기 위해 쌓았던 성이었고, 군사적으로 중요한 역할을 했던 것이지요.

고려시대 광주부사를 지낸 이세화의 묘지명을 보면, 몽고군에 맞서 경기도 광주주민들이 광주성에 들어가 싸웠다는 내용이 있습니다. 그 광주성이 남한산성으로 추정됩니다. 1231년 8월 몽고는 고려를 침공하였고, 그해 말 개경을 포위한 몽고군은 계속 남하하여 남한산성에 이르렀습니다. 이때 남한산성은 몽고군으로부터 두 세 차례 공격을 받았으나, 광주부사 이세화의 지휘하에 군민(軍民)이 굳게 단결하여 이들의 공격을 막아냈습니다. 그래서 몽고군은 광주성

동쪽에서 바라본 남한산성 항공사진

남옹성 일대

에 대한 공략을 포기하고 남하했는데, 그 뒤에 몽고와 고려조정 간에 화의가 이루어져 몽고군은 1232년 정월 요동으로 철수하였습니다. 같은 해 몽고군의 2차 침입 때는 살례탑이 이끄는 몽고군이 모든 전략을 동원하여 남한산성을 공격하였으나, 이세화가 뛰어난 전술을 구사하여 몽고의 대병력을 죽이거나 사로잡았지요. 그러자 몽고의 대병력도 물러설 수밖에 없었다고 합니다.

남한산성을 임시수도로 만든 인조

남한산성과 가장 밀접하게 관련된 왕은 조선의 인조입니다. 남한산성의 수축 논의는 조선 초기부터 계속되어 왔으나, 백성이 받을 고충을 생각하여 계속 미뤄졌습니다. 본격적으로 남한산성을 수축한 때는 이괄의 난과 후금의 위협이 거세졌을 때입니다. 인조 2년(1624)에 이르러 총융사 이서에게 옛터를 따라 축성할 것을 명하였고, 그 결과 남한산성은 2년(1626) 뒤에 완공되었습니다. 당시 남한산성은 성의 둘레가 6,297보가 되었고, 여장(女墻)이 1,897타, 옹성 5개소, 대문 4개소, 암문(暗門) 16개소, 그리고 125개소의 군포(軍砲)가 설치되었습니다. 우물 80개, 샘 45개가 만들어졌을 뿐 아니라 왕이 거처할 행궁도 함께 축조되어 상궐 73칸 반, 하궐 154칸 모두 227칸이 건립되었고, 객관(客官) 인화관도 함께 지어졌습니다. 그리고 한흥사와 국청사 등 처음 6개 사찰을 두어 성곽의 각 구간을 관리하고 지켰습니다. 봉암성과 한봉성이 축조된 후에는 총 10개 사찰이 건립되어 남한산성 내 불교문화가 융성했습니다. 이 같은 시설이

남옹성 항공사진

장경사 신지옹성

갖추어졌기에 병자호란 당시 왕을 비롯한 대신들이 남한산성에 피신하여 청군 13만 대군에 맞서 47일간 항전할 수 있었던 것입니다.

1636년 남한산성은 병자호란에서 가장 뜨거운 현장이 되었지요. 청의 군대에 맞서 47일간 항쟁을 벌였습니다. 한편, 남한산성 청량산 서북쪽 중턱에는 숭렬전(崇烈殿)이라는 사당이 있습니다. 이 사당에는 백제 시조인 온조왕과 남한산성을 쌓는데 큰 공을 세웠던 완풍부원군 이서(李曙) 장군을 함께 모시고 있는데, 온조왕과 이서를 함께 모시게 된 사연은 다음과 같은 인조의 꿈 이야기에서 비롯되었다고 합니다.

인조가 남한산성에서 청나라 군사와 맞서 싸울 때였다. 그날도 밤이 깊도록 청나라 군사와 대치하고 우리 군사들을 돌아보다가, 몹시 피곤하여 깜박 잠이 들었다. 그런데 꿈에 웬 사람이 나타나, "적이 높은 사다리를 타고 북성을 오르는데 어째서 막지 않는가?"라고 호통을 치는 것이었다. 인조는 난데없는 사람의 출현에 놀

연주봉 옹성

라 누구시냐고 물었다. 그랬더니 그 사람은 "나는 성주 온조왕이다"라고 하는 것이었다. 이에 인조는 놀라서 잠에서 깨었다. 그리고 꿈에서 말한 대로, 즉시 북성 근처를 정탐하게 하였다. 그랬더니 과연 꿈에서의 말과 같이 청나라 군사가 북성벽을 오르는 것이었다. 즉시 우리 군사들에게 명령을 내려 몰래 성벽을 오르던 청나라 군사들을 격퇴시켰는데, 잡아 죽인 청나라 군사가 수를 헤아릴 수 없을 만큼 많았다. 이렇게 온조왕의 은혜를 입은 인조는 병자호란이 끝나고 다시 서울로 돌아온 이후, 남한산성에 온조왕의 묘를 짓고 봄, 가을로 정성껏 제사를 올렸다. 인조가 제사를 지낸 지 며칠이 안 되어 온조왕이 꿈에 다시 나타났다. 그리고 "대왕이 내 사당을 지으시니 진실로 감사하오. 그러나 혼자 있기가 몹시 외로우니 대왕의 신하 중에서 명망 있는 신하 한 사람을 나에게 보내 주시오"라고 말하는 것이었다. 아침에 잠에서 깬 인조는 간밤의 꿈을 이상하게 여겼다. 그런데 뜻밖에도 남한산성의 수어사로서, 산성을 쌓는 데 공을 세웠던 이서가 간밤에 죽었다는 소식을 접했다. 이에 인조는 우연한 일이 아니라고 여기고, 지난밤의 꿈을 다시 상기하고 이서를 온조왕 묘에 함께 모시도록 하였다. 온조왕이 이서를 선택해서 데려간 것이라 여긴 것이다.[1]

남한산성의 심장부, 행궁을 재건하다

남한산성은 일제강점기에 전소되어 아무것도 남지 않았습니다. 그렇지만 체계적인 학술연구와 발굴조사를 진행하여 흙 속에 묻혀 있던 옛 터를 토대로 원래 모습의 행궁으로 복원하였고, 무너진 성벽도 새로 쌓았습니다. 특히 세계유산 등재를 위한 본격적인 발걸음은 2009년부터 시작되었습니다. 2009년 초부터 국내 세계유산 전문가들과 남한산성 세계유산 등재에 관한 타당성 검토 후, 세계유산 등재사업을 본격적으로 추진하고, 남한산성 보존관리를 위해 전담기구인 남한산성문화관광사업단[2]이 설립되었습니다. 2010년 유네스코 세계유산 잠정목록에 등재된 후 기초자료조사연구가 진행되었고, 2011년 전국 지자체를 통해 제안된 13건의 잠정목록 중 우선등재추진대상으로 문화재청을 통해 선정되었습니다. 이후 2년 동안 유산의 '탁월한 보편적 가치(Outstanding Universal Value)' 발굴과 정립연구를 얻은 성과를 바탕으로 '남한산성 세계유산 등재신청서'를 작성하였고, 2013년 1월 외교부를 통해 유네스코 세계유산센터에 등

---

1) 출처 : 남한산성 품에 안긴 산성마을 〈전국 문화원 연합회〉

2) 2015년 1월 5일 경기도 조례를 통해 남한산성 세계유산센터로 개칭됨.

재신청서를 제출하였습니다. 같은 해 등재신청서 완전성 평가를 통과하고, 9월에 세계유산센터의 자문기구인 이코모스(ICOMOS: 국제기념물유적협의회) 전문가 실사가 이루어졌습니다. 마침내 2014년 6월 22일, 카타르 도하에서 개최된 38차 세계유산위원회를 통해 남한산성은 최종 등재되었습니다.

남한산성은 세계유산 등재기준의 (ii), (iv)항목을 충족시켜 세계유산이 되었습니다.

> 기준(ii) 남한산성의 산성 체계는 17세기에 동아시아에서 발달한 방어적 군사 공학 기술의 총체를 구현하고 있다. 남한산성은 중국의 성제에서 유래했으나 이 성제를 조선의 자연 지세에 맞게 적용한 조선의 산성 도시의 표준이다. 또 서구로부터 유입된 새로운 화기의 위협을 방어하기 위해 계획적으로 축성된 산성이다. 남한산성은 한국의 산성 설계에 있어 중요한 분기점을 이루었으며 축성된 이후에는 한국의 산성 건설에 지속적으로 영향을 미쳤다.
>
> 기준(iv) 남한산성은 요새화된 도시를 보여주는 탁월한 사례이다. 17세기 조선시대에 비상시에 임시 수도로 기능하도록 계획・건설된 남한산성은 이전부터 존중되온 전통인 승군에 의해 축성되었으며 산성의 방어 역시 승군이 담당하였다.(유네스코 세계유산, 유네스코한국위원회 번역 감수, 재인용)

방어시설이자 임시수도, 남한산성

남한산성은 처음 지어진 이후 여러 번의 수축과 재건이 이루어졌습니다. 역사적으로 한 번도 함락되지 않은 대외 항전의 전적지로서 조선시대 임시수도이자 우리나라의 다양한 성곽 축조기술을 보여주고 있어 역사적 · 학술적 가치가 크다고 할 수 있습니다. 특히 1636년 청나라가 조선을 침입한 병자호란 이후에 대대적으로 수축과 증축이 이루어졌고, 승려들이 수도하며 군인 역할을 겸하던 승영사찰과 수어청이라는 관청을 통해 관리가 되었습니다. 남한산성은 중국과 일본의 성곽축조술과 서양의 화포가 도입되면서 많은 변화를 겪은 곳으로 고유의 축성발달사를 잘 볼 수 있는 곳입니다. 성 안에는 오랫동안 주민들이 거주하였고 군사, 행정, 종교 시설물들이 다양하게 분포하고 있어, 조선시대 주권수호 상징의 대표적 유적입니다.

남한산성은 16세기부터 18세기에 이르는 기간 동안 동아시아의 한국과 중국, 일본 간에 산성 건축술을 서로 교류했음을 알 수 있는 중요한 증거입니다. 임진왜란(1592~1598)에 이어 청과의 전쟁(병자호란. 1627~1637)을 치루면서 조선은 청나라를 섬길 수밖에 없

남한산성 행궁

는 상황에 놓이게 되었고 이것은 조선 사회에 큰 영향을 미쳤습니다. 임진왜란과 병자호란을 겪으면서 조선은 효과적인 방어를 위해서는 읍성보다 산성을 이용하는 것이 효율적임을 깨닫게 됩니다. 특히 청과의 전쟁을 통해서 조선은 국가적인 비상 상황에 왕실과 조정이 안전하게 피할 수 있는 임시 수도의 필요성을 절감하였습니다. 그 결과 새로운 화포와 무기에 효과적으로 대항하고 장기전을 펼치기 위해 산성 방어 전략을 강화했는데, 그래서 산성에 대한 지속적인 증·개축이 이루어지게 되었습니다. 남한산성의 축성과 증축, 지속적인 개축은 다양한 중국의 방어 전술들과 조선의 산성방어론이 합쳐져서 체계화한 결과입니다.

남한산성은 동아시아가 공유하고 있는 도시 계획의 원리에 바탕을 두고 전통적인 산성 축조법을 따르면서도 화포 등의 발달된 무기체계에 효율적으로 대항할 수 있는 요소를 새롭게 적용하여 축성하

장경사

수어장대

였습니다. 남한산성은 유사시에 임금과 백성이 함께 대피할 수 있는 임시 수도의 성격을 지닌 행궁과 읍치(고을)가 함께 건설된 유일한 곳이기도 합니다. 행궁은 자연 지세를 십분 활용하여 그 위치를 잡았는데, 임금의 권위를 상징화한 건축물로서 작고 소박한 모습의 행궁을 산 아래 배치하여 하늘과 산으로 권위를 표현하는 경관 표현법을 사용하였습니다. 남한산성의 행궁은 동양에서 전통적인 중국의 수도 건설 원리를 서술한 문서인 〈주례동관고공기〉의 '좌조우사 면조후시'[3]의 원칙을 따르면서도 지형을 존중하여 동향으로 궁궐을 배치하는 조선의 고유한 도시 계획을 보여줍니다.

남한산성은 행궁과 부속시설로 내행전, 외행전, 내삼문, 한남루,

3) 좌조우사(左祖右社)는 '조묘는 동쪽, 사직단은 서쪽에 조성하여 좌우대칭을 이루게 한다'는 뜻이며, 면조후시(面朝後市)는 '조정은 궁궐의 남측에, 또는 궁궐의 대문은 남쪽을 향해야 한다'는 의미이다.

재덕당, 좌전과 우실 등의 국가 통치 관련 시설을 갖추었고, 지역을 다스리기 위한 읍치 시설도 갖추었습니다. 전체 성곽은 전통적인 한국의 형식을 따르면서도 조선에 침입한 일본군이 쌓은 왜성을 참고하여 성벽의 기울기를 보완하고, 중국의 성제를 참고하여 옹성과 치와 같은 시설을 자연 지세에 맞추어 창조적으로 적용하여 방어력을 높였습니다.

산성 축성술의 변화를 모두 보여주는 남한산성

남옹성 치성 성벽

남한산성은 한국 축성술의 기술적 발달을 잘 보전하고 있습니다. 우선 남한산성의 성벽에는 무기 체계의 변화에 따른 7세기부터 19세기까지 각 시대별 특징이 잘 나타나 있습니다. 성곽과 방어 시설의 축조술에는 무기의 변화상이 반영되었습니다. 한국 뿐 아니라 다른 나라에서도 산성과 성곽은 적의 침입으로부터 자신을 방어하기 위한 목적으로 축조되었습니다. 그런 성들과 비교했을 때 남한산성이 다른 점은 처음에는 비상시를 대비한 방어 시설로 출발했지만 지금까지도 주민들이 생활하는 살아있는 유산이라는 점입니다.

남옹성 인근 성벽

남한산성은 험한 지형의 장점을 최대한으로 활용하여 산성 안에 생활에 필요한 시설을 갖춤으로써 도시와 방어 시설의 두 가지 기능을 모두 수행하였습니다. 조선 정부는 남한산성을 축성하면서 산성이 17세기 도시로 기능할 수 있도록, 백성들에서 세제 감면과 부역을 면제해주는 등 다양한 혜택을 제공하면서 성 안에 살 백성들을 모았습니다. 이러한 것을 모민 정책이라고 합니다. 그 정책을 통해서 산성에 4,000명 이상의 인구가 거주했는데, 그런 까닭에 남한산성

수어장대 인근

은 행정, 군사, 생활의 중심지 특징을 온전하게 보전하고 있습니다.

남한산성은 7세기부터 19세기에 이르기까지 변화해온 축성술과 방어 전술에 따른 다양한 시설물이 시대별로 발견되고 있는 초대형 산성입니다. 남한산성에서는 7세기 통일신라의 주장성에서 나온 성돌과 기단, 창고 건물이 발견되었습니다. 1624년에는 화포가 등장하면서 성곽은 큰 변화를 겪습니다. 화포의 힘을 이겨내기 위해 옹성과 포대를 설치하였고, 총이나 화포를 쏠 때 방어력을 높이기 위해서 여장에 전돌과 석회, 동유(오동나무 기름, 桐油)를 사용하기도 합니다. 이렇게 남한산성에서는 9세기부터 19세기에 이르기까지 동아시아에서 일어난 축성술의 변화를 모두 볼 수 있습니다. 시기별로 1626년(인조4년)에 축성한 원성, 병자호란 이후 축성한 3개의 외성, 5개의 옹성과 방어 시설은 축조 방식에서 뚜렷한 차이가 나타납니다. 남한산성의 제1, 2, 3 남옹성은 총안(조총을 쏠 수 있도록 만든 시설)이 설치된 치-옹성(양마장)-포루의 기능을 종합하여 적의 공격에 취약한 부분에 대한 공격과 방어 시설입니다.

남한산성은 험한 자연 산세를 최대한 잘 활용한 축성 사례로 인정받고 있습니다. 높은 고도와 우뚝 솟은 산세 자체가 성벽 역할을 수행하였던 것입니다. 초대형 산성이라 방어선이 길다는 단점은 있지만, 복잡한 방어 시설이 없어도 성벽을 등고선을 따라 곡선으로 축조하였기 때문에 사격의 사각지대가 없이 적을 측면에서 공격할 수

남한산성을 재미있게 보는 방법

1. 남한산성은 조선의 임시수도로서 국가 위기 시에 왕이 이어하셨던 행궁과 종묘시설을 갖추고 있습니다. 행궁 내에서 벌어지는 다양한 문화유산 활용프로그램 참여와 안내 해설사의 설명을 들어보세요.
2. 수어장대에서 남한산성 안팎을 조망하며, 서문전망대를 통해 수도 서울과의 지정학적 관계를 살펴보세요.
3. 인조가 왕위에 있을 때 대대적으로 수축된 남한산성은 승영사찰을 통해 운영되었습니다. 동성 일대의 장경사를 비롯하여 최근 발굴된 한흥사지 등 다양한 사찰 및 사찰터를 방문해보세요.
3. 1,2,3 남옹성 일대 성벽을 통해 볼 수 있는 시대별 성벽축성술과 옹성 축조를 통해 병자호란 이후 삼엄하게 관리했던 군사유산 흔적들을 찾아볼 수 있습니다.
4. 조선 숙종 때 쌓아올린 남한산성 봉암성과 한봉성은 아직도 그 옛 모습을 고스란히 간직하고 있습니다.

있었습니다. 대규모 군사 시설이지만 자연 지세를 십분 활용하여 조화를 이루었기 때문에 세계에서 손꼽힐 만큼 아름다운 성곽 경관을 이루고 있습니다. 그리고 산지 지형을 잘 활용하여 축조하였는데, 성의 바깥쪽 면만 성돌로 쌓아 올리는 편축(片築)의 방식을 사용하고, 성 안쪽은 흙, 자갈, 회를 섞어 쌓은 내탁(內托) 방식을 이용하였습니다. 남한산성은 17세기 조선이 장기전을 수행하기 위해 쌓은 다른 초대형 산성(북한산성, 금정산성, 위봉산성처럼 둘레가 10킬로미터 이상인 산성)과 비교하여 크기와 보존 상태에서 우위에 있습니다.

참고문헌

남한산성 역사자료 가이드 북, 남한산성문화관광사업단, 2012

남한산성 연구총서 1호, 남한산성문화관광사업단, 2011

남한산성 연구총서 2호, 남한산성문화관광사업단, 2011

남한산성 연구총서 3호, 남한산성문화관광사업단, 2012

남한산성 연구총서 4호, 남한산성문화관광사업단, 2013

남한산성 연구총서 5호, 남한산성문화관광사업단, 2014

남한산성 품에 안긴 산성마을, 전국 문화원 연합회, 한국향토사연구전국협의회, 2000

남한산성 세계유산등재신청서, 문화재청, 2013

WHC-14/38.COM/8B, Nominations to the World Heritage List p30

남한산성 세계유산센터 홈페이지 http://nhss.ggcf.kr/heritage/age-and-figures

수백 년을 지켜온 씨족마을

한국의 역사 마을 : 하회와 양동

정명식 (문화재청)

세계유산 등재는 세심한 보호 노력의 결실

하회마을과 양동마을은 90킬로미터 정도 따로 떨어져 있는 마을입니다. 경상북도 안동시(하회)와 경주시(양동)에 따로 위치하지요. 그런데 두 마을은 '한국의 역사 마을'로 같이 세계유산에 등재되었습니다. 어떻게 그럴 수 있었을까요? 그 까닭은 두 마을이 오늘날까지 조선 시대 초기에 형성된 본래 마을 모습을 잘 간직하고 있기 때문입니다. 그래서 '역사마을'이라는 호칭이 붙었습니다.

두 역사마을의 공통점은 '씨족 집성촌'이라는 점입니다. 같은 성씨를 가진 사람들로 이루어진 마을을 '집성촌'이라고 하지요. 같은 혈연인 사람들이 한 마을에서 농사 짓고, 학문도 연구하고, 대대로 이어 살면서 유교적인 생활문화를 잘 간직하고 있습니다. 두 마을에는 씨족 마을의 대표 요소인 뼈대 있는 양반 가문(종가)과 양반들이 살았던 목조 가옥, 정사(精舍, 학문을 가르치기 위해 지은 집),

안동 하회마을

자, 서원이 남아 있습니다. 또한 양반집 둘레에는 평민들이 살았던 작은 흙집과 초가집이 있습니다. 이런 전통 건축물들은 14~15세기에 조성된 것이고, 마을 전체에 조선 시대의 유교적 전통 사상이 잘 반영되었지요.

하회마을은 '류'씨 집성촌이고, 양동마을은 '이'씨와 '손'씨가 집성촌을 이루고 있습니다. 그러면서 수백 년이 지난 지금까지도 우리나라 어디에서도 보기 힘든 옛 마을 모습과 문화를 그대로 간직하고 있지요.

두 마을은 조선 시대의 대표적인 마을 입지인 배산임수 지형입니다. 두 마을은 풍수의 두 가지 전형인 강과 산을 끼고 마을을 형성한 대표적인 사례이며, 자연 경관과 조화를 잘 이루고 있지요. 또한 지역의 기후 조건에 알맞은 건물 형태와 유교 예법에 맞는 가옥 구조를 잘 보존하고 있고, 유교적 삶의 양식과 전통문화를 현재까지 잘 계승하고 있습니다. 더욱이 하회와 양동마을은 우리나라의 세계 문화유산 중 실제로 사람이 살고 있는 유일한 유산입니다.

하회 · 양동마을은 1984년부터 문화재보호법에 따라 보호되고 있습니다. 두 마을의 문화유산 보존지역에는 촌락 지역뿐 아니라 약간의 완충지역을 포함하고 있습니다. 마을에 있는 건물과 가옥, 숲도 법으로 보호하고 있지요. 또한 하회마을의 가옥 124채 중 여섯 채와 양동마을의 149채 중 가옥 두 채는 보물로 지정하여 보호하고 있습니다. 우리나라 정부 당국은 문화유산정책 중장기 발전계획으로 민속마을의 보존과 이용, 종합 관리 방안을 수립하여 시행하고 있고, 안동시와 경주시 역시 문화유산 보호조례를 만들어 두 역사마을의 진정성을 유지하기 위해 유산들과 전체 경관을 보존 관리하고 있습니다.

그런 노력의 결실로, 두 역사마을은 2010년 유네스코 세계유산에 '한국의 역사마을'로 등재되었습니다. 세계유산 등재기준에서 (iii),

(ⅳ) 항목을 충족시켰지요.

기준 (ⅲ) 하회마을과 양동마을은 가장 잘 보존되어 있고 대표적인 씨족 마을의 예로서, 조선 시대 초기의 특징인 촌락의 형태를 유지하고 있다. 마을의 입지와 배치와 가옥의 전통에서 두 마을은 500여 년 동안 엄격한 유교의 이상을 따라 촌락이 형성되었던 조선 시대의 유교 문화를 가장 잘 보여 주고 있다.

기준 (ⅳ) 하회와 양동 두 마을은 한반도의 발전에 가장 큰 영향을 끼친 조선왕조의 영향이 반영되어 있다. 특히 양반과 평민 가옥들의 전체적인 배치와 개별적 배치의 조화는 조선왕조의 힘과 영향력이 문학과 철학적 전통뿐만 아니라 사회 구조와 문화적 전통에도 배어 있음을 의미한다.(유네스코 세계유산, 유네스코한국위원회 번역 감수, 재인용)

하회마을 이야기 - 풍산 류씨의 씨족마을, 하회마을

하회마을은 강이 감싸고 있고, 강 건너편에는 바위벽 부용대가 있습니다. 부용대 위에서 하회마을을 내려다보면 마을이 한 폭의 산수화처럼 보입니다. '하회(河回)'라는 마을 이름은 낙동강이 마을을 S자로 휘감아 흐른다는 데서 나온 말입니다. 큰길을 중심으로 마을의 중심부에는 양반가인 풍산 류씨 후손들이 살고 있고, 변두리에는 각성(各姓, 여러 성씨)들이 살고 있지요.

마을은 옛 원형을 그대로 보존하고 있을 뿐 아니라 양반의 주거문화를 대표하는 양진당과 충효당, 북촌댁과 병산서원과 같은 옛 건축물들이 빼어난 건축미를 자랑하고 있습니다.

양반가의 큰 기와집을 중심으로 주변의 초가들이 원형을 이루며 배치되어 있어 조선시대 씨족마을의 특징을 잘 보여주고 있습니다.

유교문화와 민중문화가 공존하는 하회마을

하회마을은 다른 한옥마을과 다른 점이 있습니다. 풍산 류씨가 유교문화를 고수하며 마을을 지킨 점, 자연경관과 잘 어우러지는 마을 풍경이 그것이지요.

'하회 별신굿 탈놀이'는 하회마을 주민들의 생활과 신앙에 밀접하게 관련된 민속놀이입니다. 12세기 중엽에 시작된 탈놀이로 알려져 있으며, 마을의 안녕과 풍년을 기원하는 내용이 담겨 있지요. 주인공

하회 별신굿 탈놀이

선유줄불놀이

경상북도 안동시 풍천면 하회리에서 음력 7월 기망(旣望, 16일)에 양반들의 뱃놀이[船遊]와 불교행사인 초파일 불놀이를 결합해 즐기던 놀이. 긴 새끼줄에 5센티미터 간격으로 뽕나무 숯가루를 넣은 봉지를 매달고 부용대 언덕 위 소나무와 아래쪽 만송정의 굵은 소나무에 매어단다. 달이 차오르면 서로 술잔을 권해서 흥이 돋으면 시창(詩唱)을 시작으로 단에 불을 붙여 강 위를 향하여 힘껏 내던지며 놀이를 즐겼다.

으로는 '하회탈'이 유명한데, 조선시대 말엽부터는 상민이나 천민들이 양반을 비꼬거나 양반 중심의 사회를 풍자하는 내용이 추가 되었습니다. 선유줄불놀이와 함께 하회마을에 전해오는 향촌 공동체 민속놀이이며, 하회 별신굿 탈놀이와 함께 무형무화재로 지정되어 보존되고 있지요. 유교문화가 가장 번성했던 시기에 하회마을에서는 민중문화인 하회 별신굿 탈놀이가 꽃을 피웠던 것입니다.

풍산 류씨 가문이 꽃을 피운 하회마을

현재 하회마을에는 100여 가구가 사는데, 주민 70퍼센트 가량이 류씨입니다. 지금까지도 같은 조상을 모시는 주민들이 한 마을에 살고 있는 것입니다. 1642년에 발간된《동원록》이라는 자료를 보면 주민 대부분이 류씨 성을 가졌으며, 허씨와 안씨가 일부 살았다고 써 있습니다. 17세기 이후 하회마을은 류씨 가문이 발전시켰습니다. 풍산 류씨 류종혜가 하회로 들어와 마을을 일구었으며, 대표적인 인물은 서애 류성룡입니다.

서애 류성룡(1542~1607년)은 안동 하회마을을 대표하는 인물입니다. 조선 중기의 문신으로, 임진왜란 때 도체찰사(都體察使)로 군무를 총괄, 이순신, 권율 등 명장을 등용하여 국난을 극복한 명재상입니다.

임진왜란의 쓰라린 경험을 교훈으로 삼기 위하여 쓴《징비록》과《서애집》이 바로 류성룡이 남긴 책입니다. 류성룡의 위패는 마을에서 3킬로미터 떨어진 병산서원의 존덕사에 모셔져 있습니다. 병산서원은 조선시대 대표적 유교 건축물로 꼽히며 만대루를 통해 보는 낙동강의 풍광은 한국의 서원 가운데 가장 아름다운 경관으로 손꼽힙니다.

병산서원

양진당. 하회마을을 대표하는 풍산 류씨 대종택이다. 전형적인 조선 시대 양반가의 건축물로 마을에서 가장 오래된 건물이다.

충효당. 양진당 건너편에 있는 서애 류성룡의 종택이다. 류성룡이 세상을 떠난 뒤 문하생과 후손들이 힘을 모아 세웠다.

원지정사. 서애 류성룡이 세운 정사.

북촌댁(화경당). 하회마을은 남촌과 북촌으로 나뉘는데, 북촌에서 가장 큰 집인 화경당을 '북촌댁'이라고 불렀다.

양동마을 이야기 - 여강 이씨와 월성 손씨의 씨족 마을, 양동

기록에 따르면 원래 양동마을에는 여강 이씨 집안이 살았고, 나중에 풍덕 류씨가 이씨와 결혼하여 처가에 들어와 살게 되었습니다. 이어 경주(월성) 손씨가 류씨 집안의 딸과 결혼해 들어와 살면서 이씨와 손씨의 집성촌을 이루게 되었습니다. 여강 이씨와 경주(월성) 손씨는 지금까지 함께 살고 있습니다. 결혼을 통해 처가에 들어와 살면서 자리를 잡는 것을 '처가입향'이라고 부릅니다.

조선시대의 전형적인 향촌 마을은 양반들이 사는 기와집이 높은 곳에 있고, 아래쪽에 상민(평민)들이 사는 초가집이 양반 집들을 에워싸고 있는 구조입니다. 양동마을은 전형적인 양반 마을의 형태를

경주 양동마을

조선시대 결혼풍습

'처가입향(妻家入鄕)'은 남자가 혼인하면서 다른 지방에 있는 처가집으로 들어가서 그 집안의 풍속을 따르며 산다는 뜻입니다. 다른 말로 '장가간다'라고 하며, 신랑이 신부의 집에 들어가 일정기간 사는 것입니다. 조선 중기까지 우리나라의 대표적인 결혼풍습이었습니다. 그런데 조선 중기에 성리학이 완전히 뿌리내린 뒤 혼인 풍습이 바뀌었습니다. 신부가 신랑의 집으로 들어가서 사는 '시집간다'로 바뀌어 지금까지 내려오고 있습니다. '장가간다', '시집간다' 하는 말은 원래 조선시대의 혼인 풍속에서 나온 말이지요.

잘 보여 주고 있습니다.

'勿(물)'자 형상의 마을 전경

양동마을은 마을을 감싸고 있는 산에 네 개의 골짜기가 있고 그 골짜기로 물이 흘러서 한자 중에'勿(말 물)'과 비슷한 형상입니다. 산 덕분에 외부 세력으로부터 안전하고, 풍수지리의 원리로도 좋은 지세라 자연스럽게 이곳에 마을이 형성되었습니다. 가장 높은 곳엔 종가(대종택)가 있고, 종가에서 분가한 자손들의 기와집들이 있고, 큰길에 연결된 작은 길에는 양반집과 상민들이 사는 집이 있고, 양반 집 주변의 초가집들에서는 대개 상민이나 노비들이 생활했습니다. 조상의 위패를 모신 사당은 종택 뒤편에 있고, 학문을 가르치던 교육기관인 서당과 서원, 학자들이 학문을 연마하거나 시를 짓던 정자와 정사는 풍경이 뛰어난 한적한 곳에 자리 잡고 있습니다. 이렇게 각 공간들은 사용 목적과 용도가 뚜렷하게 구분되어 있습니다.

양동마을을 대표하는 건축물

'향단'은 양동마을이 배출한 조선 중기 성리학자 회재 이언적이 경상감사일 적에 중종이 모친의 병을 잘 간호하라며 지어준 건물입니다. 이언적은 한때 중종의 아들 인종의 스승이었습니다. 향단은 마당을 중심으로 사랑채, 안채, 행랑채 등이 한자 '興(흥할 흥)'자 모양을 띠는 독특한 구조입니다.

'관가정'은 조선 중기 이조판서를 지낸 손중돈이 살던 집으로 마을 서쪽 끝자락 중턱에 위치합니다. 곡식이 자라는 모습을 보듯이 자손들이 커 가는 모습을 본다'는 뜻을 담고 있습니다.

'무첨당'은 이언적의 종가 별채로 양반 주택의 간결미와 세련미를 꼽을 때 다섯 손가락 안에 꼽히는 주택입니다. 고종황제의 아버지

향단

관가정

대원군이 무첨당을 방문하기도 했는데, 그때 써준 '좌해금서(左海琴書)'라는 액자가 마루 위에 걸려 있습니다. '무릇 선비란 풍류를 알고 책을 읽어야 한다'는 뜻입니다.

월성 손씨 대종택인 서백당은 양민공 손소가 류복하의 외동딸과 결혼하여 이 마을에 들어온 후 처음으로 자리를 잡은 곳입니다. 손소의 아들인 우재 손중돈과 외손자인 회재 이언적이 이집에서 태어났습니다. 종가로서의 규모와 격식을 갖춘 큰 가옥으로 조선 초기 양반집의 일반적 구조를 지니고 있습니다.

양동마을 문화해설은 오전 10시, 11시와 오후 1시, 2시, 3시, 4시에 한국어, 영어, 일본어, 중국어로 해설사가 관람을 돕고 있습니다.

양동마을의 초가

무첨당

[목수 일기]

하회와 양동 두 마을을 처음 접한 건 1996년 건축학과 학생시절이다. 광주에서 왕복 10시간의 먼 거리였지만 방학 때마다 친구들과 답사를 위해 길을 나섰다. 한국의 전통가옥(건축)과 전통마을을 공부하려면 필수 코스였기 때문이다. 15년이 흐른 2009년 필자는 '국가문화재보수반'의 팀장이 되어 이 두 마을의 보수와 관리, 그리고 유네스코 실사 팀 맞이에 여념이 없었다. 오랜 역사와 전통을 가진 두 역사마을이 세계유산이 되기를, 그리고 앞으로도 잘 보존되기를 바랐다. 그 바람은 2010년에 세계유산위원회의 등재 승인으로 이루어졌다. 그 발표가 있던 날 마을 주민들과 함께 나눈 기쁨은 지금도 생생하다. 그때 세계유산위원회의 평가는 '마을의 전통가옥들과 마을의 입지와 배치가 이루는 탁월한 조화는 조선 시대의 사회와 문화를 잘 보여 주는 사례로 꼽힌다'는 것이었다. 한국의 역사마을 하회와 양동은 이제 대한민국뿐만 아니라 인류가 보존해야 할 유산이다.

서백당

참고문헌

두산백과사전

문화재 대관, 문화재청, 2010

김봉렬의 한국건축이야기, 돌베개

교과서에 나오는 유네스코 세계유산, 이형준, 시공주니어, 2011

유네스코 세계유산 http://www.unesco.or.kr/heritage

18세기의 대표적인 군사 건축물

화성

이지은 (서울대학교)

한 남자의 집념이 만들어낸 신도시, 화성(華城)

화성은 경기도 수원에 위치하며, 약 5.7킬로미터에 달하는 성곽으로 둘러싸인 성입니다. 예전부터 수원은 전라도와 충청도 지역에서 한양으로 갈 때 반드시 거쳐야 하는 길목이었습니다. 한양에서 지방으로 가는 세 개의 대로 중 하나가 수원 지역을 지났습니다.

유교 나라였던 조선은 18세기에 이르러 서서히 변화의 물결을 타고 있었습니다. 농업 중심의 경제에서 상업이 점점 활성화하면서 도시의 역할이 커졌습니다. 많은 사람들이 한양으로 모여들었고, 사회는 새로운 기술과 학문에 목말라 하고 있었고, 실학자들이 활발하게 활동하며 새로운 모습의 조선을 꿈꾸고 있었습니다.

1776년 조선의 제22대 임금이 된 정조는 뒤주에 갇혀 돌아가신 아버지 사도세자(장조)의 묘소를 수원 현륭원으로 옮겼습니다. 이어서 현륭원을 보호하는 기능을 수행할 새로운 도시를 건설하기로 했

화서문과 서북공심돈

습니다. 그런 생각의 이면에는 강력한 왕권을 꿈꾸던 정조의 '새로운 세상'에 대한 열망이 숨겨져 있었습니다. 정조는 신도시 화성에서 활발한 상업 활동이 이뤄지기를 기대했고, 새로운 농업기술을 개발하여 백성들에게 도움을 주고자 했습니다.

당시 정조의 화성 신도시 건설사업은 단순히 새로 지은 성곽과 관청이 들어선 도시가 아니라 새로운 학문인 실학정신에 바탕을 둔 매우 혁신적인 도시 계획에 기반을 두고 있습니다. 수원 화성 지역의 거주민들에게 토지보상을 실시하였고, 도시 기반시설인 수원천을 정비하였으며 도로를 새로 만들었습니다. 수원 화성을 단지 짓기만

하고 끝내는 게 아니라, 화성 신도시가 지속가능한 도시로 발돋움할 수 있도록 유지 보수를 위한 비용도 미리 산정했습니다. 상인들의 상업활동을 지원했으며, 장용위(국왕 친위대) 병사들을 위한 둔전(군사용 농토)을 가꾸기 위해 화성의 동서남북에 네 개의 호수를 팠습니다. 북쪽에 판 것이 만석거(수원시 장안구)인데, 오늘날까지 농사에 필요한 물을 공급해주고 있습니다.

화성 건설의 주역, 정약용 · 조심태

수원 화성 건설의 주역에서 빼놓을 수 없는 인물이 바로 다산 정약용입니다. 정약용은 정조가 어머니 혜경궁 홍씨를 모시고 화성에 행차할 때 지나갔던 한강의 배다리를 설계했습니다. 배다리 건설의 성공을 본 정조는 정약용에게 화성 신도시 건설을 맡겼습니다. 그 뒤로 정약용은 중국의 성곽을 연구하고, 중국을 통해 입수한 서양 과학기술 서적을 연구하여 1792년 겨울 성설(城說:성 축조술에 관한 논문)을 써서 정조에게 올렸습니다. '성설'은 수원 화성의 전체 규모, 재료, 축성 방식 등에 대한 계획을 세우는 데 이론적 기반이 되었고, 수원 화성은 그 계획에 따라 건설되었습니다. 정약용이 얼마나 치밀한 건축가였는지, '성설'의 한 대목만 보겠습니다.

> 재료(材料)란, 지금 (조정의) 의논이 벽성(甓城, 벽돌로 쌓은 성곽)을 하느냐 토성(土城, 흙으로 쌓은 성곽)을 하느냐는 등의 설(주장)이 있습니다. 그러나 동인(東人, 조선)은 벽돌 굽는 데 익숙하지 못하고 또 벽돌을 구워 대기가 어려우니, 본디 잘

못된 계획입니다. 토성은 비록 외면(外面, 겉)에 회(灰, 석회)를 바른다고 하지만 흙과 석회는 서로 견고하게 부합되지(달라붙지) 아니하므로 얼었다가 녹을 때에 흙이 부풀었다 가라앉게 되고, 비에 삭은 석회의 표면에 틈이 생기게 되어 흙이 점점 속에서 부풀어 오르면 석회는 밖으로 떨어지니 사용할 수 없고 반드시 석재(石材)를 써야 합니다.(다산시문집, 10권, 성설)

또한 정약용은 새로운 축성방식을 제안하였습니다. 정약용은 기

화성 성벽

존의 성벽이 잘 무너지는 이유가 성벽 중간부분이 불룩하기 때문이라고 지적했습니다. 그래서 화성 건설 계획에 새로운 축성 방식을 제안했습니다. 성벽 높이의 3분의 2까지는 1치(약 3cm)씩 안으로 쌓아 올리고 나머지 3분의 1은 점점 밖으로 넓히듯 쌓는데, 층마다 3푼(약 0.9cm)씩 차이를 둘 것을 제안했습니다. 그래서 수원 화성의 성곽은 중간 위쪽이 약간 바깥으로 나온 것처럼 보입니다.

수원 화성 건설의 또 다른 주역은수원부 유수(수원시장) 조심태(1740~1799년)입니다. 삼도수군절도사를 지낸 무관이었고, 정조의 총애를 받아 수원부사로 임명된 뒤에는 사도세자의 묘를 수원부 현륭원으로 이전하는 임무를 무사히 마쳐 더 큰 신임을 얻었습니다. 정조는 조심태를 수원부 유수로 삼고 수원 화성 건설의 현장 총책임을 맡겼지요. 그뿐 아니라 정조는 성터잡기, 각 시설물 등에 지내는 제사 업무, 둔전의 경영, 장용영(壯勇營. 정조의 친위부대)의 설치 등 실무적인 모든 일을 조심태와 상의하고 결정했습니다.

조심태는 수원 화성의 건설, 의궤(화성성역의궤) 작성의 총책임을 잘 수행하여, 현대 사회의 '프로젝트관리자(PM)'다운 모습을 보여주었습니다.

200년 전의 건설 공법과 경영 개념

1794년 1월 7일, 많은 신하들의 우려 속에 수원 화성 건설 사업은 석재를 뜨는 공사로 첫걸음을 뗐습니다. 『수정국역 화성성역의궤』로 당시 공사 진행 상황을 보면, 공사기간을 애초 10여 년으로 예상

수원 화성의 북쪽 수문인 화홍문

했으나, 불과 2년 만인 1796년 10월 16일에 완성하여 축성식(성의 완성을 축하했던 잔치)을 열었습니다.

그렇게 공사기간을 단축할 수 있었던 것은 정조의 '집중된'업무 운영 능력과 선진기술의 적극적인 활용 때문이었습니다. '성역소'라는 화성 건설 임시기구가 설치되었고, 2,188명의 관리자와 장인들이 속해 업무를 총괄했습니다.

수원 화성 건설에는 현대적 공학기술이 다양하게 사용되었습니다. 정약용이 서양의 도르래 원리를 발전시켜 만들었던 거중기(돌과 목재를 들어 올리던 기구)와 새로운 형태의 유형거(화성 축성에서 돌과 목재 운반에 사용된 수레)를 적극 이용하여 사람이 일일이 손으로 자재를 들어 올리고 운반했던 때보다 공사기간을 단축할 수 있었습니다. 민간 업체를 통해 석재를 조달했는데, 미리 석재의 크기(대석, 중석, 소석, 잡석)를 정하고 크기에 맞춰 주문하고 구입하였기 때문에 현장에서 따로 가공할 필요 없이 바로 성벽 공사에 사용할 수 있었지요. 또한 화성 건축의 각 분야를 담당한 장인들의 책임의식을 높이기 위하여 각 문루와 성벽에 작업에 참여한 담당 관원, 석수 등의 실명을 새겼습니다.

수원 화성 건설 과정을 살펴보면 현대 사회의 경영 개념을 종종 발견할 수 있습니다. 정조는 인적자원 관리에 타고난 재능을 보여줍니다. 그 전에는 대부분의 국가사업이 부역(賦役:국가사업에 백성들을 대가없이 의무적으로 동원하던 일)의 형태로 진행되었으나, 수원 화성 건설 사업에서는 이례적으로 참가한 백성들에게 반일 기준

서암문

창룡문 성벽에 새겨진 공사 담당자 이름

으로 임금을 지불했습니다. 더구나 업무 성과가 뛰어난 장인들은 세 등급으로 나눠 적절한 포상을 하였고, 공사에 참여한 백성들에게 털모자, 제중단(응급비상약), 척서단(더위방지약)을 지급했습니다. 그 당시 털모자는 정삼품 당상관만이 쓸 수 있었던 높은 신분의 상징이었습니다. 정조의 애민정신은 백성들의 사기를 높였고 건설 공사의 질을 높이는데 큰 효과가 있었습니다.

수원 화성 건설은 새로운 세계를 위한 정조의 신념과 유능한 실무자들의 헌신으로 가능했던 사업이었습니다.

세계인을 위한 문화유산, 화성

1997년 4월 수원 화성에는 매우 귀한 손님이 방문했습니다. 스리

랑카의 건축가이며 문화재전문가인 니말 데 실바(Nimal De Silva) 교수였는데, 유네스코의 세계유산 등재 조사를 위해 수원 화성을 찾은 것이었습니다. 사실 18세기에 만들어진 화성은 일제강점기와 한국전쟁으로 대부분의 전각과 성벽이 무너졌고, 현재의 모습은 1970년대 이후 복원된 것입니다. 유네스코 세계유산으로서 화성의 진정성에 의구심을 가졌던 실바 교수는 서지학자 이종학으로부터 《화성성역의궤》를 받았습니다. 실바 교수는 그 책에 세밀하게 기록된 화성 축성 과정을 보고 놀라움을 금치 못했습니다. 게다가 그 내용을 기준으로 세세하게 고증하고 새로 복원한 수원 화성에 감탄하면서 화성의 진정성을 인정했습니다. 그 뒤에 열린 제21차 세계유산위원회는, "화성은 동서양의 발달된 과학적 특징이 통합된 18세기의 동양 성곽을 대표하는, 군사 건축물의 뛰어난 사례로 평가"하면서 화

화성 행궁 전경

성을 세계유산으로 등재하였습니다. 세계유산 등재기준에서 화성이 충족시킨 것은 (ⅱ), (ⅲ)항목입니다.

기준(ⅱ) 화성은 그 이전 시대에 조성된 우리나라 성곽과 구별되는 새로운 양식의 성곽이다. 화성은 기존 성곽의 문제점을 개선하였을 뿐만 아니라 외국의 사례를 참고해 포루, 공심돈 등 새로운 방어 시설을 도입하고 이를 우리의 군사적 환경과 지형에 맞게 설치하였다. 특히 이 시기에 발달한 실학사상은 화성의 축조에 큰 영향을 끼쳤다. 실학자들은 우리나라와 중국, 일본, 유럽의 성곽을 면밀히 연구하고 우리나라에 가장 적합한 독특한 성곽의 양식을 결정하였다. 화성 축조에 사용된 새로운 장비와 재료의 발달은 동서양 과학기술의 교류를 보여 주는 중요한 증거이다.

화성 행궁의 신풍루

장안문이 뒤로 물러난 이유

처음 장안문의 위치는 현재보다 좀 더 안쪽, 남쪽 팔달문 쪽으로 계획되었습니다. 정조는 1794년 1월 15일 팔달산에 올라 장안문과 성벽이 놓일 위치에 꽂힌 깃발을 보다가 민가를 발견했습니다.

"저기에 민가가 있지 않은가?"

"네. 그렇사옵니다. 장안문을 건립을 위해 근처 민가를 헐 예정입니다"

"가늠해보니 성 밖으로 나갈 집들이 꽤 많을 듯한데, 만약 모두 헐어서 철거한다면 백성의 화합을 귀히 여긴다는 과인의 말이 거짓이 되는 것이 아니겠느냐? 장안문은 민가 바깥쪽으로 옮겨서 짓도록 하라"

정조의 명에 따라 장안문의 위치는 민가 바깥쪽으로 변경되었습니다. 그래서 화성 성곽을 보면 화서문 쪽에서 연결된 성벽이 장안문에 이르러 앞으로 툭 튀어나와 있는 형태가 되었습니다.

기준 (iii) 화성은 분지로 이루어진 터를 둘러싸고 산마루에 축조된 기존의 우리나라 성곽과는 달리 평탄하고 넓은 땅에 조성되었다. 전통적인 성곽 축조 기법을 전승하면서 군사, 행정, 상업적 기능을 담당하는 신도시의 구조를 갖추고 있다. 화성은 18세기 조선 사회의 상업적 번영과 급속한 사회 변화, 기술 발달을 보여 주는 새로운 양식의 성곽이다.(유네스코 세계유산, 유네스코한국위원회 번역 감수, 재인용)

《화성성역의궤》는 수원 화성이 세계유산에 등재되는 데 결정적이 기여를 했습니다. 공사 전반을 철저하게 기록하여 그 당시 건축, 문화, 예술, 과학을 이해하는 데 매우 중요한 책자입니다. 그 가치를

장안문

화성을 재밌게 보는 방법

1. 수원 화성 안에 있는 화성행궁(임금의 임시 궁궐) 앞에서 '무예24기'가 시연됩니다. '무예24기'는 정조의 명으로 백동수, 이덕무, 박제가 등이 쓴 무예 종합서, 《무예도보통지》의 주요 무술을 시연하는 것입니다. 조선시대 군사훈련의 정수를 경험하실 수 있습니다.
2. 정약용의 새로운 성벽 축성 방식이 실제로 구현되었는지 성벽 가까이 가서 확인해보세요.
3. 방화수류정(화성에 있는 아름다운 정자)의 지붕은 한국에서 보기 드문 십(十)자 모양입니다. 비슷한 모양의 지붕을 유일하게 창덕궁 부용정에서 볼 수 있습니다.
4. 수원 화성의 아름다움은 밤에 더욱 빛을 발합니다. 야간 개장 때 꼭 방문해서 한국 전통건축의 아름다움을 충분히 만끽하시기 바랍니다.

인정받아 2007년 유네스코 세계기록유산으로 등재되었습니다. 건축물이 기록물과 함께 세계유산이 된 경우는 세계적으로 흔치 않은 사례입니다.《화성성역의궤》가 얼마나 세밀하게 공사를 기록했는지 한번 보겠습니다.《화성성역의궤》의 장안문 공사 내역을 보면 사용된 못의 개수와 사용 부분까지 정확히 기록되어 있습니다.

두자다섯치못 12개 종심추녀박이에 사용

한자못 236개 누리개, 사라, 용두, 토수박이에 사용

아홉치넙적대가리못 660개 잠상, 막새박이에 사용

참고문헌

수정국역 화성성역의궤, 김만일 외, 경기문화재단, 2001

정조의 화성 경영연구, 최홍규, 일지사, 2005

실학정신으로 세운 조선의 신도시-수원화성, 김동욱, 돌베게, 2002

이산 정조-꿈의 도시 화성을 세우다, 김준혁, 여유당, 2008

정조의 화성 건설, 최홍규, 일지사, 2001

연 표

※ 고등학교 한국사, 정재정 외 4인, (주)지학사, 2011, pp342~349의 내용 참고하여 정리

연대	한국사	세계사
~ 기원전 1000	약 70만 년 전 구석기 문화 8000년경 신석기 문화 3000~2000 고창 · 화순 · 강화 고인돌 형성 2333 단군, 아사달에 도읍. 고조선 건국 2000년경 청동기 문화의 전개 고조선의 발전	3500년경 메소포타미아 문명 시작 3000년경 이집트 문명 시작 2500년경 인더스 문명, 황하문명 시작 1500년경 중국, 은 왕조 성립 히타이트의 강성 1200년경 트로이 전쟁
기원전 999~	450년경 부여 성립 진국(辰國) 성립 400년경 철기 문화의 보급 194 위만, 고조선 왕이 됨 108 고조선 멸망 57 신라 건국 BC 57~AD 935 경주역사유적지구 37 고구려 건국 18 백제 건국 BC 18~AD 660 백제역사유적지구	770년경 중국, 춘추 시대 753 로마 건국 525 페르시아, 오리엔트 통일 334 알렉산드로스의 원정 322 마우리아 왕조의 북인도 통일 264 포에니 전쟁(~146) 221 진의 중국 통일 202 중국, 전한의 건국
1~400	3 고구려, 국내성 천도 42 수로왕 가락국 건국 53 고구려, 태조왕 즉위 234 백제 고이왕 즉위 244 위, 고구려 침략 313 고구려, 낙랑군 멸망시킴 256 신라, 내물왕 즉위 372 고구려, 불교 전래 384 백제, 불교 전래	25 중국, 후한 건국(~220) 45 인도, 쿠샨 왕조 성립 96 로마, 5현제의 시대(~180) 226 사산 왕조 페르시아 성립 280 진의 통일 313 밀라노 칙령 320 인도, 굽타 왕조 성립 375 게르만족 대이동 시작 395 로마 제국, 동서 분열

연대	한국사	세계사
401 ~ 600	472 고구려, 평양 천도 43 나 · 제 동맹 결렬 475 백제, 웅진 천도 494 고구려, 부여 병합 572 신라, 불교 공인 552 백제, 왜에 불교 전함	439 중국, 남북조 시대 성립 476 서로마 제국 멸망 486 프랑크 왕국 건국 520 인도, 굽타 왕조 분열 589 수의 중국 통일(~618)
601 ~ 800	BC 18~AD 660 백제역사유적지구 660 백제 멸망 668 고구려 멸망 676 신라, 삼국 통일 689 발해 건국 774 석굴암 · 불국사 창건	610 이슬람교 창시 618 중국, 당 건국(~907) 687 피핀 2세, 프랑크 왕국 정권 장악 750 아바스 왕조의 성립(~1258) 800 카롤루스 대제, 소로마 제국 부활
801 ~ 1000	900 견훤, 후백제 건국 901 궁예, 후고구려 건국 918 왕건, 고려건국 926 발해 멸망 935 신라 멸망 BC 57~AD 935 경주역사유적지구 936 고려, 후삼국 통일	829 잉글랜드 왕국 성립 843 베르됭 조약 907 당 멸망, 5대의 시작(~960) 916 거란 건국(~1126) 960 중국, 송 건국(북송,~1127) 962 오토 1세, 신성 로마 제국 건국 (~1806) 987 프랑스, 카페왕조 시작(~1328)
1000	1033 천리장성 축조(~1044) 1086 의천, 교정도감 설치, 속장경 편찬	1000 송, 나침반 · 화약 발명 1037 셀주크 튀르크 건국(~1157) 1086 십자군 전쟁(~1270)
1100	1107 윤관, 여진 정벌 1145 김부식, 삼국사기 편찬 1170 무신 정변	1115 여진, 금 건국(~12334) 1127 북송 멸망, 남송 시작(~1276) 1192 일본, 가마쿠라 막부 세움
1200	1219 몽골과 통교 1231 몽골, 제1차 침입	1206 칭기즈 칸, 몽골 통일(~1368) 1215 영국, 대헌장 제정

연대	한국사	세계사
1200	1234 금속활자로 상정고금예문 간행 1236 고려, 팔만대장경 새김 1274 여 · 원 제1차 일본 원정 1290 성리학 전래	1271 원 성립(~1368) 1279 남송 멸망 원의 중국 통일 1299 오스만 제국 성립(~1922)
1300	1304 안향의 주장으로 국학에 대성전 세움 1359 홍건적의 침입 1376 최영, 왜구 정벌 1377 최무선, 화통도감 설치 직지심체요절 인쇄 1388 위화도 회군 1389 박위, 쓰시마 섬 정벌 1392 고려 멸망, 조선 건국 1392~1897 조선왕릉 1394 한양천도 1394 종묘 창건	1302 프랑스, 삼부회 성립 1337 일본, 무로마치 막부 성립 1338 영국 · 프랑스, 백년전쟁(~1453) 1368 원 멸망, 명 건국(~1644) 1369 티무르 왕조 성립(~1500) 1378 교회의 대분열(~1417)
1400	1405 창덕궁 창건 1443 훈민정음 창제 1457 해인사장경판전 중창	1414 콘스탄츠 공의회(~1418) 1455 영국, 장미 전쟁(~1485) 1467 일본, 전국 시대 시작 1492 콜럼버스, 아메리카 대륙 도착
1500	1592 임진왜란	1517 루터의 종교 개혁 1536 칼뱅의 종교 개혁 1543 코페르니쿠스, 지동설 발표 1590 도요토미 히데요시, 일본 통일
1600	1600~ 하회와 양동마을 1636 병자호란 1678 상평통보 주조	1600 영국, 동인도 회사 설립 1603 일본, 에도 막부 성립 1616 후금, 청 건국 1642 영국, 청교도 혁명
1700	1712 백두산정계비 건립 1796 수원화성 축성	1776 미국, 독립선언 1789 프랑스 혁명

연대	한국사	세계사
	1831 천주교, 조선 교구 설치	
	1871 신미양요	
	1882 조 · 미 수호 통상 조약 체결	1804 나폴레옹, 황제 즉위
1800	1883 태극기 사용	1861 미국, 남북 전쟁(~1865)
	1895 을미사변	1894 청 · 일 전쟁
	1392~1897 조선왕릉	1896 제1회 올림픽 대회
	1897 대한 제국 성립	
	1904 한 · 일 의정서 맺음	1902 영 · 일 동맹
	1907 고종 황제 퇴위	1904 러 · 일 전쟁(~1905)
	1909 일본, 청과 간도 협약 체결	
	안중근, 이토 히로부미 사살	1907 영 · 프 · 러, 삼국 협상 성립
		1914 제1차 세계 대전(~1918)
	1910 국권 피탈	1939 제2차 세계 대전(~1945)
1900	1919 대한민국 임시 정부 수립	1945 국제 연합 성립
		1995 세계 무역 기구(WTO) 출범
		1907 영 · 프 · 러, 삼국 협상 성립
	1945 8 · 15 광복	1914 제1차 세계 대전(~1918)
	1948 대한민국 정부 수립	1939 제2차 세계 대전(~1945)
	1950 6 · 25 전쟁	1945 국제 연합 성립
		1995 세계 무역 기구(WTO) 출범
2000	2000 제1차 남북 정상 회담	

저자소개

남창근

청주대학교에서 '조선시대 성리학적 이상향과 정사건축'이라는 주제로 석사학위를 받은 이후 고건축의 매력에 빠지게 되었다. 이후 국립문화재연구소 건축문화재연구실에서 연구원으로 근무하며 삼국~고려시대 건축유구와 복원연구에 관심을 가지게 되었고, 이후 2007년에는 '북한 개성만월대 남북공동발굴조사'에 조사대원으로 참여할 수 있는 기회를 얻게 되었다. 개성에서의 120일 동안 북한 연구원들과 동고동락하며 그들의 삶을 이해할 수 있었고, 개성의 문화유산에 대한 이해의 폭도 넓힐 수 있었다. 발굴조사 성과를 바탕으로 '만월대 경령전 일곽에 대한 복원연구'로 박사학위를 받았다.

2012년부터는 경기문화재단에서 '개성한옥 보존사업' 업무를 맡고 있다. 개성시 중심부에 위치한 개성한옥 밀집지역은 세계유산으로 등재된 「개성의 역사 기념물과 유적」의 완충지역으로 북한 당국으로부터도 보호받고 있는 중요한 건축문화유산이다. 앞으로 남북관계가 개선될 것이라는 기대와 함께 북한 문화유산의 보존과 남북교류협력 분야에서 조금이나마 기여할 수 있기를 희망하고 있다.

백길남

연세대학교에서 백제사와 역사교육을 전공하고, 명지대학교 부설 한국기록관리학교육원에서 기록관리학을 공부하였다. 학부 시절 백제문화권 답사를 준비하다 백제사에 푹 빠졌다. 덕분에 동북공정으로 시끄러웠던 시절, 엉뚱하게도 대학원에서 백제를 공부하였다.

대학원 졸업 후, 역사학 전공 하나만으로는 취업이 어렵다는 시대적 요구에 부응하면서 88만원 세대의 삶을 충실히 살았다. 낮에는 한국교육과정평가원에서 일하고 밤에는 교육대학원을 다녔다. 주말에는 기록관리학을 공부하고 국립중앙박물관 어린이박물관에서 아르바이트를 했다. 먹고 살기 위해 공부하며 일했던 것이 관심의 폭을 넓히고 학문적 내공을 키우는데 도움이 됐다.

고등학교에서 기간제 교사를 하다 경기도 학예연구사 공채에 합격하여 성남시에서 근무하였다. 지금은 서울특별시 한성백제박물관에서 백제 왕도 전시업무를 맡고 있다. 많은 사람들에게 서울에 대해 물으며 곧잘 백제를 떠올리는 날을 꿈꾸고 있다. 백제 정치제도와 도성구조에 관심을 갖고 있으며, 언젠가는 박물관 역사교육도 공부해 볼 참이다.

심준용

연세대학교에서 역사를, 세종대학교 석사과정에서 고고학을, 명지대학교 박사과정에서 건축역사를 공부하고 있다. 대학원에 입학하기 전에는 직업체험이 취미여서 군고구마장수, 엑스트라, 이삿짐, 백화점 배송, 행사 스텝, 패밀리레스토랑 웨이터 등 20종 넘는 아르바이트를 했고, 재즈바도 운영했다. 대학교 박물관에서 아르바이트 하던 중에 평생을 바치고 싶은 직업 분야를 찾았다. 연세대학교 원주박물관, 한강문화재연구원에서 고고학을 공부하며 발굴조사를 경험하고 파주시청과 고양시청에서 전통건축을 공부하면서 학예연구사로 근무했다. 문화유산과 관련된 더 다양한 일을 하고자 공무원을 그만두었고, 주)한국문화유산연구센터의 기획실장을 거쳐 주)A&A 문화연구소를 설립하였다. 그 뒤로 박물관 건립 계획과 기획전시 컨설팅, 문화유산 관련 보고서 용역과 활용사업, 문화유산 관련 강의 등 재미있는 일에 파묻혀 사는 호사를 누리고 있다.

저서로, 『기네스북 북한산에서 세계유산 조선왕릉까지』, 『경기도 역사와 문화 백문백답』(공저), 『학예사와 떠나는 경기도 답사기 – 항일유적 편』(공저), 『남한강유역의 신석기문화』 등이 있으며, 『문화유산분야 사회적기업의 활성화 전략 개발을 위한 현장조사 및 연구』, 『향교서원 활용 운영모델 제시 및 기본계획 수립 연구』, 『고도보존지역 주민지원사업 활성화 방안 마련 연구』 등 다수의 문화유산 관련 정책보고서에 참여하고 있다.

민간과 관청, 학술연구자와 현장담당자가 조화를 이뤄서 문화유산의 체계적인 보존과 효율적인 활용이 공존하는 대한민국을 꿈꾸고 있다.

이준성

사회의 부조리를 바로 잡고 정의를 지켜나가는 언론인의 삶을 꿈꾸며 연세대학교 인문과학부에 입학했다. 하지만 이후 역사학의 진중한 매력에 빠져 대학원 진학을 결정하였고, 지금까지 한국고대사를 공부하고 있다.

석사 졸업 이후 육군3사관학교 교수부 군사사학과에서 군복무를 하며 생도들에게 한국사를 강의하였고, 같은 기간 동안 고구려 보루를 중심으로 군부대 내 문화재보호에 관심을 가지게 되었다. 현재는 박사과정에 진학하여 고구려의 국가 구조와 정치 체제를 중심으로 공부하고 있으며, 연세대학교와 국립한국교통대학교 등에서 강의를 맡고있다.

이지은

10년간 반도체 장비를 다루는 외국계 회사에서 근무하다가 '진짜 좋아하는 일 하면서'살고 싶다면서 문화유산분야로 겁 없이 뛰어든 여자. 경원대 도시계획학과에서 역사문화환경 관점으로 역사도시를 바라보는 법을 배웠고, 열심히 뛰어다닌 덕에 좋은 분들을 많이 만나게 되었다. 역사문화환경 내에서의 문화유산 보존을 프로젝트관리 관점으로 바라보는 석사논문을 쓴 후 공부욕심이 생겨서 현재는 서울대 환경계획학과 박사과정 중. 또한 헤리티지프로젝트라는 문화유산 회사의 대표도 겸임. 지금은? 예전보다 아주 많이 행복

한 사람이 되었다.

이현성

초등학교 시절, 오사카성을 본 후 건축가의 꿈을 키웠다. 서울과학기술대학교에서 건축학을 전공한 후 우연치 않게 서울대학교 건축사연구실에서 근무를 하며 문화재에 대한 관심을 갖게 되었다. 명지대학교 대학원에서 문화재 보수에 관한 문제점에 대한 석사논문을 쓴 후 문화재 보수현장에서 현장경험을 하였다. 문화재에 대한 다양한 경험이 필요하다고 느껴 현재 명지대학교 박사과정에서 건축역사를 공부하고 있으며 주)A&A문화연구소에서 팀장으로 일하며 문화재 활용 및 문화유산 컨설팅에 관한 업무를 하고 있다.

정명식

건축학을 전공하던 대학시절 이미 한옥목수가 되어 집을 지어왔다. 2009년부터 한국의 고택문화재와 전통마을로 지정된 153개의 국가지정문화재를 점검 보수하는 '국가문화재 보수반'의 총괄 팀장을 맡았다. 2011년부터 문화재청 소속이 되어 조선 왕실의 생활 문화 공간인 창덕궁(5대 궁궐 포함)과 제례 공간인 종묘, 사후 세계인 조선왕릉의 관리와 보수를 전담하는 대목수이다. 이 세 공간은 모두 세계유산으로 등재가 되어 있다. 2013년 국토교통부에서 시행하는『한옥시공 중간관리자 양성과정』의 '한옥의 하자원인과 보수 방법론'담당 강사이며 학생들을 대상으로 전통건축 강의를 진행하고 있다. 강서구 어린이 신문에 '한옥이야기'를 연재중이며 다수의 한옥 관련 칼럼을 썼다.

조두원

경기도 용인에서 태어나 경희대 건축공학과를 졸업한 후, 학군장교로 최전선에서 군복무를 수행하였다. 학부과정 중 설계경기에서 당선된 것이 계기가 되어, 문화유산과 관련한 설계를 더 공부하고자 독일에서 심화연구 및 실무를 하게 되었다. 독일 아헨공대에서 설계와 보전건축이론을 공부한 후 석사를 마치고 독일 밤베르크대학에서 보존건축으로 석, 박사학위를 받았다. 2010년부터 현재 경기문화재단 남한산성 세계유산센터에서 세계유산업무를 담당하고 있다. 2010년부터 이코모스 한국위원회(ICOMOS KOREA) 정회원과 이코포트(ICOFORT Voting Member) 선거위원으로 활동하면서, 세계유산등재관련 실사, 등재신청서 평가 및 세계기념물기금(World Monument Fund) 지원평가를 수행하고 있다.

조유진

어린 시절 부모님을 따라 한국과 외국에서 번갈아 살다가 고려대학교 한국사학과를 졸업하였다. 이후 문화재청에서 유네스코 및 국제교류 관련 일을 10년간 담당했다. 유네스코 사업 중에서도 주로 세계유산 등재와 관리에 관한 일을 추진하였고 이 분야 국제회의에 참여하며 동향을 파악하고 정보 수집하는 것에서 많은 것을 배웠다. 2006년부터 세계유산위원회에 위원국 대표단으로 4회, 회원국 대표단으로 2회 참가하였으며 2011년에는 제18차 유네스코 세계유산총회의 보고관을 맡았다.

일하면서 공부가 더 하고 싶어 세계유산협약을 주제로 하여 한남대학교 문화재학 석사를 졸업하였고 내친 김에 본격적으로 문화유산을 공부하고자 건국대학교에서 박사과정을 밟고 있다. 제주 화산섬과 용암동굴, 조선왕릉, 한국의 역사마을 하회와 양동, 남한산성 등 세계유산 등재 신청서 작성 및 추진에 참여하였고 지속적으로 문화유산과 관련된 글을 영어로 번역하고 있다.